孩子的成人
比成功更重要

王俊峰——著

中国商业出版社

图书在版编目（CIP）数据

孩子的成人比成功更重要 / 王俊峰著 .-- 北京：中国商业出版社，2021.1

ISBN 978-7-5208-1368-6

Ⅰ.①孩… Ⅱ.①王… Ⅲ.①家庭教育 Ⅳ.① G78

中国版本图书馆 CIP 数据核字 (2020) 第 231176 号

责任编辑：杨林蔚　佟 彤

中国商业出版社出版发行

（100053 北京广安门内报国寺 1 号）

010-63180647　www.c-cbook.com

新华书店经销

三河市国新印装有限公司印刷

*

880 毫米 ×1230 毫米　32 开　7.125 印张　185 千字

2021 年 1 月第 1 版　2021 年 1 月第 1 次印刷

定价：48.00 元

* * * *

（如有印装质量问题可更换）

序

养育孩子的意义

在谈养育孩子的意义之前，我们先说说为什么要生孩子。答案很多，比如往大了说是为了人类的繁衍生息，往小了说是让家庭和家族后继有人；说得诗意一些是为了参与一个生命的成长过程，说得实际一些是为了晚年有所依靠、养儿防老。所以，孩子代表的不仅仅是一个独立的生命，还代表着家人的希望与未来。

孩子是爱的结晶，代表家庭的纽带；

孩子是生命的延续，代表种族的传承；

孩子是天伦之乐，代表家庭的核心；

孩子是希望，代表投资的未来。

所以，孩子是多个因素组合成的独特生命体，是集思想、情感、性格、行动于一体的复杂生命。每个家庭生下孩子还不够，还需要用足够的智慧与勇气、能力与素养来抚养和影响这个生命，使他的身体和心灵都处于健康的状态。只有这样，每个家庭才能享受平凡人的幸福——父慈子孝，天伦之乐；也才能够有所期待和希望，等到某一天，这个经由你的家庭走出去的孩子，成为一个合格的社会人才；作为家长也才能心满意足且没有遗憾地认为自己培养了一个能感知自由和幸福的人，对得起跟孩子之间的缘分，不枉为人父母一回。

孩子总会有一天独立行走在人生道路上。父母需要教给他做人的道理、做事的能力、感性的克制与理性的思考，让孩子拥有理想的目标，并且能够拥有独立完成的信心与勇气。

所以，为人父母也要不断学习与提升，深思与反省。做一个律师去引导孩子，而不是当一个法官去判决孩子；做一个园丁去培养孩子，而不是做一个木匠去打造孩子。把孩子当一个具有独特性的高贵生命来对待，不苛求孩子，不去比较、打击，如果孩子是鱼就给予孩子足够的水，如果孩子是熊猫就给予孩子足够的竹子，而不是希望鱼去爬树。从成人和成功两方面去引导和支持，从家庭和学校两个领域去帮助和提升，让孩子收获爱与希望、信心与能力，先学成人再去成功。

我们寄予孩子希望与要求之前，要对照剖析自己，是否也达到所希望与要求的。以身作则，率先垂范，发挥出榜样的力量和辐射的效果，不再让父母站在教育的舞台上犹豫、忧郁、纠结、徘徊、盲目、无知、惊恐、无措……所以，父母学习与完善、家庭改进与提升、教育过程中的修身与养性，与孩子一起完成这个成长与发展的过程。

家庭教育是一条漫长的路，在这条路上，我们不仅要为孩子指引方向，培育他们的人格、智力、德行，而且要努力成为他们效仿的榜样。

本书正是基于这些观点和认识来撰写的，结合多年的家庭教育实践，给父母、给孩子带来一份正能量，一部能够启迪思维的教育宝典，让教育不再迷茫，让更多家庭和孩子受益。是为序。

目录

catalogue

第一章

园丁与木匠——重过程还是要结果

1. 让孩子像树木一样生长

孩子像一粒没有标签包裹的种子，我们无法确定这粒种子开什么花以及什么时候开花，养育人能做的只有提供充足的养料和阳光、雨露，然后静等花开。就像种下一棵小树苗，等到某一天它会自己长成参天大树。

如果希望孩子像一棵树那样茁壮，不但不能揠苗助长还要有耐心，不能施肥过度，不能保护过度，要顺其自然，让这棵小树扎根沃土，根基扎得深，将来才能长得正、长得壮。

根是一棵树的开始，是一棵树的基础，也是一棵树最不能缺少的部分。参天大树能经受风雨的侵袭，是因为它深入土壤强而有力的根系；百年老树能长得郁郁葱葱，是因为树根不断汲取土壤中的养分。孩子的生命之根在于父母、在于家庭，孩子的生命需要与父母很好地联结。树的成长需要阳光、空气、水分和地下的营养，这代表孩子的生命除了需要物质满足之外，还需要精神陪伴和心灵营养，需要永远积极正向的期待。

父母要用园丁的心态去培育孩子，而不要用木匠的心态去按照自己的意志强行打造孩子。

就像卢梭在《爱弥儿》中讲的那样：慈爱而有先见之明的母亲，因为善于避开灾难，保护这株正在成长的幼苗，使它不受人类的各种舆论的冲击。你要培育这幼苗，给它浇水，使它的生命得以延续，它的果实总有一天会使你感到喜悦。趁早给你孩子的灵魂周围筑起一道围墙，别人可以画出这道围墙的范围，但是你应当给它安装上栅栏。发现小树长得不正，有分枝斜逸的时候，要及时修整和帮助，这样才能使孩子长成有用之材。

我们生存在这个瞬息万变的大自然中，也许无法决定自己的来处和去向，却能用心去体悟生命的每一寸成长、每一个变化。老话儿说：小树在砍，孩子在管。孩子就像一棵树，只有在其成长的过程中不断修剪，树木才能长得挺拔。如果因为不忍心而不去剪掉横生的旁枝，任其疯长，世界早晚会以一种更残酷的方式帮其剪掉。让一棵幼苗长成一棵栋梁，就是培养孩子成才的思维。

作为父母的我们，身上有很多缺点，经常缺乏耐心，去苛责孩子，事实上“孩子没有错，有错的永远是父母”。我们明明知道这一点，却还是会犯错。作为父母，拥有的权力是有范围或者说是有界限的，孩子是独立的个体，你的责任是保护与教育，不是伤害和独裁，更不是让孩子长成你想要的或者你希望的模样。

让孩子像树一样自然生长，意思并不是说随意适应环境，让孩子该怎么长就怎么长，那长得歪七扭八、不成体统的可能性也是很大的。

在照料树的过程中，什么时候剪枝，什么时候打药，每个季节、每个时期要注重哪些方面的看护等，这些都是必须付出的精力。这其中，一点儿也急不得，只能一步一步来，而在这样的日积月累下，终会收获美好的结果。

所以，一个孩子的人生那么长，自有他开花结果的时辰，即便你给他寻了各种进口的高级养料，他也有自己的生长规律，急不得，但也不能做甩手掌柜，不管不问。

一棵树既不能太旱也不能浇水过度，这就像对待孩子一样，既不能撒手不管又不能过度宠溺，要在早期给予它足够的时间和关怀，但不能一直种在温室里，尤其不能代替它去经历风吹日晒。园丁对待一棵树的态度就是根据它的生态习性，给予合理的修剪。但生根、抽枝、繁茂、向上生长，这都是它自己的事。

绝大多数时候，园丁都不需急着做什么，长年看着小树在雪里、雨里生长，它自己会决定它是什么。你只需看懂并依从它的意愿，提供尽量少的支持和干预，帮助它活成自己。

树根就像孩子从小在家庭受到的影响，树枝则是孩子发展出来的能力，树叶的质量和茂盛程度则是他在社会上生存的资本。若我们对待一个孩子的成长像对待一棵树一样，无论对我们，还是对孩子来说，都是一件特别幸运的事。仔细观察，每一棵树都是不一样的。它们只是跟从自己内在的规律生长，一点儿都不着急。有风就跳舞，无风就静默。站在你面前，不去掩饰什么，也不讨好什么，完全和你平起平坐。这才是生命本该有的样子，也是生命最本真的力量。

2. 慢养的孩子更有实力

近年来，无论是从事教育的人还是家长，都开始谈论养育孩子的问题。那么，我们如何正确理解这个“养”字呢？从事教育工作这么多年，笔者以为，“养”包括生养、养育和有智慧地培养。在养育孩子方面，“慢养”不是故意“慢”，而是在育人上尊重生命，有耐心，不盲从，不急于求成，更不能够急功近利，应该让一个生命按照自身的规律慢慢成长。不能抢跑也不能揠苗助长，不能够出现“催化式”的成长。为什么说“慢养”的孩子更有实力呢？因为，社会上的功利主义倾向日益严重，不是人为对孩子拔高，就是处于过度“施肥”的“快养”状态。比如，两三岁开始各种早教，幼儿教育小学化，小学教育中学化，不是给孩子安排各种各样的培训和学习，就是太过重视分数，这些问题越来越严重，让家长和孩子“慢不下来”，使得孩子的成长变成了重负而不是快乐。

有段话是这样讲的：

上帝给我一个任务，叫我牵一只蜗牛去散步。

我不能走得太快，蜗牛已经尽力爬，每次总是挪那么一点点。

我催它，我唬它，我责备它，

蜗牛用抱歉的眼光看着我，彷佛说："人家已经尽了全力！"

我拉它，我扯它，我甚至想踢它，

蜗牛受了伤，它流着汗，

喘着气，往前爬……

真奇怪，

为什么上帝要我牵一只蜗牛去散步？

任蜗牛往前爬，我在后面生闷气。

咦？我闻到花香，原来这边有个花园。

我感到微风吹来，原来夜里的风这么温柔。

慢着！我听到鸟声，我听到虫鸣，

我看到满天的星斗多亮丽。

咦？以前怎么没有这些体会？

我忽然想起来，莫非是我弄错了！

原来上帝是叫蜗牛牵我去散步。

如果家长能够用"慢养"的心态看待孩子，不仅孩子受益，自己也不会因为太过功利而让自己陷入焦虑和痛苦之中。

人生不是短跑，也不是中长跑，而是一场马拉松——马拉松从来没人抢跑，因为绝不会"输在起跑线上"，拼的更多是耐力。所以养育孩子，你一定要慢慢来！

教育界已经认识到越来越“快养”的孩子造成了很多问题，并发布《3—6岁儿童学习与发展指南》（以下简称《指南》），公开征求社会各界意见。《指南》列出了幼儿的学习和发展目标。例如，学龄前儿童只需掌握10以内的加减法运算，并没有要求这个年龄段的孩子必须认字，只要孩子在生活情境或亲子阅读的过程中对文字感兴趣就好。这样设定目标的目的就是遏制教育的“过早”“过快”。学者杨佩昌也写过《德国宪法禁止学前教育，别把孩子大脑当硬盘》。他说，欧洲许多国家都有相似立法，德国甚至把这一条写进法律里，禁止家长在幼儿园的教学之外给孩子补课。大多数国家认为，孩子一开始进入快跑通道是不人道的。

德国的教育界认为，幼儿园不学专业知识，而是教一些基本的道德伦理，学会与人相处，重要的任务是玩得开心；小学也只是学一些非常简单的知识，到了中学才开始进入跑步通道，但依然还是慢跑。由于德国没有统一的高考，所以学生压力并不太大。只有到了大学，真正成年了，才开始进入快跑通道。到了这个时候，终于有了竞争，也才显示出每个人之间的差异。而往往从小到大没有被压力压垮、没有被快跑催逼的孩子，到了大学阶段反而能够爆发出更强的后劲儿和实力。

孩子要先成人才能有后面的成功，让孩子快乐幸福是每个家长的心愿。但在成长的过程中，家长的功利心不断膨胀，自己的工作不如意就想让孩子超过自己，于是不断加压；看到别人家的孩子考上了重点中学，就想着给孩子报各种辅导班；看到别人家的孩子有各种才艺，就不顾自己孩子感不感兴趣，催逼着去上才艺班。如此一来，孩子的童年没有快乐和自由，甚至有的因为压力太大而失去健康。这样的孩子，连成人都没有，何谈后面的成功呢？

我们最重要的任务是培养一个具有健全人格、能独自面对社会的人。这应该是底线，是最基本的。然后再根据孩子自身的能力去实现自我价值，为社会做更大的贡献。这才是孩子真正的实力。

3. 世界上没有“标准”孩子

世界上没有两片树叶是完全相同的，同样，世界上也没有两个孩子是完全一样的。每个孩子都是独一无二的生命个体，不能用一套相同的教育方法去套用在不同的孩子身上。

即使是同一个家庭中的双胞胎，尽管经济条件、父母修养、教养方式，乃至他们幼小阶段求学的老师、同学都是一样的，但孩子的性格特点，从来没有一模一样的。孩子们之所以无法成为不偏不倚的标准小孩，是因为每个孩子都具有天性。而且，孩子的优点与缺点是相关的，都是从同一个天性里面生发出来的。

在日本作家黑柳彻子的《窗边的小豆豆》一书中，作者因为小时候的顽皮好动而被一个要求“标准”的学校劝退，然后进了小林校长办的“巴学园”，得到了充分的舒展与成长，最后成为一个非常成功的人。巴学园的办学理念就是尊重每一个孩子的个体特征，不用统一的手段对孩子们进行教育。爱画画儿的孩子可以选择画画儿，喜欢做实验的孩子可以选择做实验，爱数字的孩子可以选择计算……正是这种不要求整齐划一的教育方法，让每个在巴学园里长大的孩子都获得了最大的尊重，他们也活出了最真实的自己。

在很多家长心里都住着一个“标准小孩”，或者都希望自己的孩子变成一个完美小孩，这个小孩听话、懂事、爱学习，不让父母操心，不淘气不捣乱，家长说什么就听什么，老师说什么就遵照执行。这样的孩子也许是成人眼中的“标准小孩”，但却是被扼杀了天性的“木偶人”。他们没有自己的独立意志和思想，任凭大人来主宰和创造他们的世界。

难道我们真的要这样的孩子吗？

真正的教育一定是尊重个性的教育，而不是追求所谓的“标准”，让每个孩子的个性释放，他们才能做得更好。童书作家厄苏拉说过，不完美的小孩最真实也最可爱。那些描写淘气顽皮的孩子的童书最好卖，因为在这样的书中大家才看到有血有肉的真实孩子。他们越是像个孩子的样子，越会让人觉得亲切和真实，越具有魅力，越让人的内心觉得解放。

孩子，就像是一盒巧克力，永远不知道下一秒会给家长带来什么滋味，这样的感觉才是真实的样子。

比如，那个上课坐不住的孩子，可能拥有着超强的运动天赋；

比如，那个见人不打招呼的孩子，可能内心非常善良，只是不太好意思表达；

比如，那个经常爱哭鼻子的小孩，可能会画非常漂亮的画儿；

比如，那个不爱写作业的小孩，可能会唱非常动听的歌。

每个孩子，都是不一样的！没有一种标准是完美的，没有一个小孩是“标准”的，所谓美好的养育，不过就是看到孩子的不同，而不要求他们改变这么简单。

虽然大自然中没有绝对的直线，但是人的心里却都有标准的直线。可能有家长要问了，“难道，我们不应该让我们的孩子最大可能地接近那条直线而变得更完美一些吗？”

绝对的直线有其迷人的美感，也有让人接近和追求的真实意义，但那根直线也许代表的是成功，而不是成人；那根直线代表的是趋于大同，而不一定是幸福。

我们要允许孩子的不标准、不完美，从而让这种不标准和不完美最终形成一个美丽而又迷人的世界。

4．“别人家的孩子”，你也有

作为父母，我们都有同样的感受，当遇到优秀孩子的时候，我们都希望自己的孩子也能像别人家的孩子一样。有修为的父母可能会在羡慕别人的同时，暗暗努力；修为不够的父母则会口无遮拦，看到别人家的孩子就不淡定了，就会指责自己家的孩子不上进，咋就不如“别人家的孩子”。

对于“别人家的孩子”，有个网络段子非常形象地道出了孩子们的心声：

茫茫宇宙中，有一种神奇的生物。这种生物不玩游戏，不看抖音、快手短视频，天天就知道学习，回回年级第一。这种生物可以九门功课同步学，妈妈再也不用担心他的学习，这种生物叫作“别人家的孩子”……

这种生物考清华，望北大，能考硕士、博士、圣斗士，还能升级黄金、白金和水晶级，他不看星座，不看漫画，看到游戏就想骂脏话……这种生物琴棋书画样样精通，甚至会刀枪剑戟斧钺钩叉，而我们只会吃喝拉撒；这种生物长得好看，写字好看，成绩单也好看，就连他的手指甲都是“双眼皮”的……优秀的“别人家的孩子”啊，请不要让我妈认识你！！

相信“别人家的孩子”这句话伴随很多人成长，也让很多家长不经意间出现比较和焦急。看到别人家的孩子优秀，父母总会说，“看人家谁谁谁，学习多好”“看人家谁谁谁，挣钱多多”“看人家谁谁谁，多孝顺父母”。事实上，这样对孩子的打击非常大。总是把“别人家的孩子”放在嘴上，以“别人家的孩子”如何优秀来教育自己的孩子，是再愚蠢不过了。其实用对方法，你家孩子也能成为“别人家的孩子”。

在湖南卫视《少年说》节目中，一个孩子哭喊着对妈妈说：“你为什么眼中只有别人家的孩子，我那么努力你为什么就看不到呢？”孩子妈妈却说：“我都是为你好，我打击你一下是为了让你看到别人的长处去学习，不然你就发飘。”可是，孩子在母亲的这份“好心”下痛苦不堪。

这是很多孩子的心声，也是很多父母犯的错。其实“别人家的孩子”你也有，你只是不具备发现的眼光和智慧。

这个眼光和智慧就是我们提倡的“赏识教育”。如果你能够用赏识鼓励的眼光和心态去对待自己的孩子，他做对了加以鼓励，做错了去引导和帮助，这样孩子的内心就会变得强大。慢慢他就会越来越优秀，于是他就成了“别人家的孩子”。

好孩子是鼓励出来的，不是打击出来的，孩子会犯错，也会在犯错的过程中成长。关键是看父母有没有给予孩子正确的引导和帮助，积极的支持与鼓励。一个在父母的鼓励下长大的孩子，做人做事都会拥有很高的自信和自尊水平，不羡慕别人，也不贬低别人。这样的孩子就会成长为“别人家的孩子”。

所以，父母如果看到了别人家孩子的优点，不要比较，看到自家孩子的缺点也不要打击。用一颗接纳与包容的心给予孩子更多的理解与爱，你的孩子会越来越优秀。

5. 输在起点也能赢在终点

不知谁发明了那句“不要输在起跑线上”，让很多中国的父母陷入了“抢跑”的误区。事实上，很多父母并不理解，什么才是孩子真正的起跑线。有的说良好的家庭教育是孩子的起跑线，有的说父母的修为是孩子的起跑线。

真正的起跑线是孩子能够自由且自信地长大，从而具备强大的创造力。而多数人认为的起跑线是孩子的学习和成绩。以为三岁能背多少古诗，五岁能认识多少字，十岁能考100分这样的孩子才是赢在了起跑线。恰恰是这种在意起跑线的赢，往往使孩子到终点时却并没有胜出。

比如，犹太人的孩子，父母在他们小的时候，并不太在意他们考了多少分，更多的时候是关注孩子问了老师什么问题，自己有什么新的点子。他们更注重培养孩子的独立思考能力和自由意志，使他们敢于追求真理。正是这样的教育，使得犹太人人才辈出。犹太人在孩子18岁之前，学习环境非常自由且开放，小学生没有太多功课，他们多数是在游戏和玩耍中度过。中学生也是下午三四点钟放学，没有补习班可去。他们不是一个重视各种竞赛的民族，却诞生了非常多的诺贝尔奖得主。在起跑线并不着急的他们，往往能很轻松赢在终点。

日本这个国家也是如此，他们把孩子的起跑线定义为独立的生存能力，孩子自己能做的事不给别人添麻烦就是起跑线。

看过一些关于日本的教育案例，日本家长在孩子很小的时候，就给孩子灌输一种思想：自己的事情自己做，不要给别人添麻烦。并且，在家庭日常生活中不断地强化这种思想意识。比如，早晨上学要穿什么衣服，要不要带雨伞，家长不直接告诉孩子，而是每天要孩子自己注意收听气象站报告。

在日本乘火车、轮船旅游时，常常发现跟随父母外出旅游的孩子，不论年龄大小，包括刚刚学会走路的孩子，身上无一例外地背着一个小小的背包。背包里装的也就是些孩子使用的生活用品，诸如毛巾、牙刷、牙膏、水杯、手帕、餐巾纸等。这些点滴的生活教育就是自强自立的教育，也是一个孩子起码的成人教育。而这些似乎和孩子学什么知识、考什么成绩关联并不大，但却使一个孩子最终能成为一个受人尊重也尊重别人的人。

如果孩子从小只想着别在学习上输给别人，而在生活上却无法自理的话，那么最终也会输在终点上。生活的自理能力和心存“不给别人添负担”的担当，就是孩子最好的起跑线。

有一个孩子，从小特别聪明，五岁上小学，因为学习好还跳过级，刚满十九岁就大学毕了业。紧接着，他又以优异的成绩考取了硕士研究生，学校认为他是个很有前途的学生，决定送他到国外深造。应当说，从小学到大学，他的人生道路是一帆风顺的。可是，他出国一年以后由于自己无法独立生活而选择退学。原来这个孩子从小到大只管学习，其他事项全是父母代劳，使得这个孩子只会考试，只会学习，而没有一点儿生活能力。

虽然这是极个别的现象，但却给了父母提示，孩子能不能成长为独立自主的人，比起跑线上跑得快不快要重要得多。

所以，对于孩子来说，成长的过程是一场马拉松，起跑的速度并不重要，长久的耐力和坚持的毅力更重要。家长从小给孩子灌输责任和担当，教给他什么是自由意志和独立思考的能力，他未来就有责任和担当，就会有独立思考的能力。家长真正害怕和恐惧的应该是自己能否变好，能否深谙教育之道，从而惠及孩子，让他们即使输在起跑线上，也能在终点胜出。

6. 给予孩子独立个体的尊重

每个父母都爱自己的孩子，很多时候这种爱有些自私，会把孩子当成自己的私有财产，随意打骂或者是惩罚，甚至还有不少父母会强迫孩子成为特定的样子。我们不能代替他们成长，所以我们也不能替他们选择他们不想要的样子。如果父母能够理解孩子是一个独立的个体，那么往往会对孩子表现出更多的尊重。

作为成人，习惯性地以“过来人”自居，很少能够站在孩子的立场去思考，所以会把孩子当成附属品，并且认为孩子还小，什么都不懂，应该听话，父母说什么就该做什么。孩子在家里的参与权、话语权、选择权等，被爸妈忽视或遗忘了，大到选学校、选兴趣班，小到吃饭穿衣，全都由爸妈来决定。久而久之，有的孩子习惯了事事由爸妈拿主意，自己毫无主见；有的孩子则变得叛逆，也就成了大人眼中不听话的孩子。

孩子是独立的，无论孩子多大，他都有自己的心理需求和被尊重的需要。就像纪伯伦的诗《你的儿女其实不是你的》里描述的那样：

你的儿女，其实不是你的儿女。

他们是生命对于自身渴望而诞生的孩子。

他们借助你来到这世界，却非因你而来，

他们在你身旁，却并不属于你。

你可以给予他们的是你的爱，却不是你的想法，

因为他们有自己的思想。

你可以庇护的是他们的身体，却不是他们的灵魂，

因为他们的灵魂属于明天，属于你做梦也无法到达的明天。

你可以拼尽全力，变得像他们一样，

却不要让他们变得和你一样，

因为生命不会后退，也不在过去停留。

你是弓，儿女是从你那里射出的箭。

弓箭手望着未来之路上的箭靶，

他用尽力气将你拉开，使他的箭射得又快又远。

怀着快乐的心情，在弓箭手的手中弯曲吧，

因为他爱一路飞翔的箭，也爱无比稳定的弓。

诗人的境界，正是我们普通父母需要不断去提升和成长的思维，如果我们能够意识到孩子只是借由我们而来，但他是他自己的时候，我们对孩子就会生出敬畏感。

如何对待一个独立个体的孩子，父母真正的智慧体现在哪里？我想，来自彼此影响和相互推动：父母养育孩子，孩子度化父母。

如果把孩子视为独立的个体，那么父母就会少很多自以为是，会静下心来学习提升自己的教育能力以期拥有和孩子共同成长的能力；而不是天天眼里看到的全是孩子的错，却很少想到是自己教育力不足。如果把孩子视为独立的个体，那么父母就会用发展的眼光看待孩子，会明白当下孩子的问题或许是孩子在某个年龄段该有的特征；而不是孩子一有问题就否定孩子这个人，给孩子贴上“不懂事”“不听话”“不上进”的标签。如果把孩子视为独立的个体，那么父母就会拥有共情能力，遇到孩子的进步能够用欣赏的眼光来对待，当孩子遭遇挫折则能够给予强大的支持和帮助；而不是走向要么溺爱，要么打击的两个极端。

有了这种心态和价值认知的父母，在生活中对待孩子也就有很大不同。

首先，他们会与孩子真诚交流，而不会说“他懂什么，只是个孩子”，遇到孩子犯了错也不会用“他只是个孩子”当借口来庇护，而是会给其分析这件事的利与弊，让孩子学会承担符合他年龄的责任。

其次，在孩子面前保持真实的态度，不以家长为大而自居，跟孩子说真话，让孩子从小明白真实的东西最动人。

最后，父母在陪伴孩子长大的过程中难免会犯错，因为没有完美的父母，犯了错要能勇敢地对孩子说对不起，让孩子知道人人都会犯错，犯错很平凡，原谅才超凡。同样的道理，要允许孩子犯错，同时正确引导孩子，让孩子在错误中学习。

所以当父母开始站在孩子的视角来看待问题，尊重他们的意愿，理解他们的感受，分清和面对自己的焦虑，学会在平等的关系中与孩子相处，信任他们，尊重他们的隐私，分清自己和孩子的需求，努力把握好边界时，孩子才能身心健康地成长。这时候孩子才真正是一个有血有肉的人，心灵生出理想的双翅，很好地飞离父母的怀抱，自由地翱翔在人生的巅峰，并经受得住任何风雨，活出一个精彩的人生。

天下所有的爱都是为了在一起，唯有父母的爱是为了分离。请让你的孩子变成一个真正意义上的人，认真对待这个独立的生命个体。

7. 家庭教育是底色教育

对于家庭教育，墨子有一个很好的教育观点，他说："人性如素丝，染于苍则苍，染于黄则黄，所入者变，其色亦变……故染不可以不慎也。"墨子曾见人染丝，染了青颜料丝就变成青色，染了黄颜料丝就变成黄色。经过五次之后，丝就变为五种颜色了。所以在他看来，"染"这件事需要很谨慎。如果我们把孩子看成洁白的丝，那么家庭教育是所染的第一道底色。底色非常重要，能决定后面的颜色变化。想要孩子成为什么样的人，父母要以身作则，必须重视家庭教育。

家庭教育是孩子出生后的第一次教育。孩子对外部世界的首次认知由家庭教育承担，其后的一切教育或社会影响都是建立在家庭教育成果的基础上。

如果家庭教育把孩子打造成红色的底色，那么以后的教育或影响都要在红色的基础上进行；同理，如果是黑色，则其他的教育或影响都要在黑色基础上进行。很明显，底色红或黑，后期教育的效果是不同的。

人还没有出生，就开始接受家庭教育——胎教；出生之后，各种感官训练便接踵而至，接着是蹒跚学步、牙牙学语随之而来，这些都是必须在学前的家庭教育中完成的；上学之后，家庭教育与学校教育并驾齐驱，缺一不可；步入社会之后，家庭教育又与社会教育相辅相成，伴人终身。由此可见，在人的成长过程中，家庭教育是极为重要的。

家庭教育在孩子整个成长过程中具有不可替代的作用。1996 年，国际 21 世纪教育委员会为纪念联合国教科文组织成立 50 周年提交了一份里程碑式的报告——《教育：财富蕴藏其中》，报告指出："家庭是一切教育的第一场所，并在这方面负责情感和认识之间的联系及价值观和准则的传授。"

孩子从家庭中学到的价值观，就是他将来面对世界的价值观；孩子从家庭中学到的爱的能力，则是他将来走上社会能够拥有的爱的能力。正如《三字经》开篇所说："人之初，性本善。性相近，习相远。"孩子的差别几乎就是家庭教育的差别。

那什么样的"底色"才是家庭教育中应该重视和努力去实践的呢？把孩子培养成善良、聪明、正直、仗义、高情商、会社交……这些都是美好的底色。而这些底色是父母要去给孩子涂抹的，如果父母不具备这些能量，就要努力去改进，把不好的东西丢掉，尽量带给孩子更多好的东西。作为家长，如何协调工作、亲子关系、夫妻关系等，其中都能折射出一些好的或不好的东西，这样无形中就在影响孩子。

陪伴孩子，父母是用心去帮助孩子成长还是把孩子交给电子产品而不管不顾？

你的原生家庭带给了你什么影响，而你又如何养育自己的孩子？

你在教育孩子的过程中，有哪些值得永远记住的美好瞬间？

你带给孩子最有影响的一件事是什么？

孩子是否给你带来了影响与成长？

当这些问题都能够在日常生活中解决和处理得好时，那么就会给孩子带来正面的影响。

有没有哪一个瞬间，让你反思自己对孩子的教育方式有问题，自己缺乏解决问题的智慧？有没有哪一刻，你觉得为人父母，自己要学习的东西好多？有没有什么时候，你忽然明白了，智慧父母应该怎么做？

作为家长，我们都任重而道远，孩子的身上寄托的是我们的将来。孩子是父母的“翻版”，相信从父母调整“三观”的那天开始，孩子也在改变，也在健康成长，这就是最好的底色教育。

8. 不同时代，不同教育

时下家长最爱说的一句话就是“现在的孩子真难教育”。不陪写作业不行，不会在网上查看作业不行，上下学的路上不接送不行，孩子玩儿电子产品不管不行，管也不行。时代不同，对于孩子的保护和教育也有了质的不同。以前网络不发达，经济不发达，每家每户生的孩子又多，家长没有多余的精力放在孩子身上，大部分孩子都属于自由生长状态。学校作业似乎没有现在多，家长不用天天盯着孩子写作业，电子产品也没有，家长不用天天为了防止孩子沉迷游戏而焦虑不安。总之，时代不同了，家长面临的教育也需要改变。

之前家长无须耳提面命，孩子似乎看到家庭生活不好，整个时代都是那种只有知识才能改变命运的氛围，所以孩子会自主自觉去学习，期望能够通过学习拿到“铁饭碗”从而改变命运。现在的教育不同了，家长即使说再多“知识可以改变命运”，但孩子似乎并不买账，他们会觉得即使拿不到“铁饭碗”依然饿不死，打游戏也能打出一条出路，当网红也能赚得盆满钵满，似乎只要能出名就能赚钱。这是时代给孩子们的价值观，所以，之前家长灌输给孩子的“饭碗”教育已经不太好使。

那么，新时代的教育要怎么进行呢？笔者认为，要给孩子进行梦想教育，孩子找到梦想才有动力。20世纪70年代，家长需要给孩子灌输“饭碗”教育，那是因为当时的人们刚刚解决温饱，改变命运的出路似乎只有好好学习，考上大学，找到好工作。现在的时代已经变了，孩子面对的不再是生存的问题，也就不再是“饭碗”的问题。如果父母还是用这一套“饭碗理论”来让孩子认同学习的重要性，就会显得有些力不从心，孩子也不会特别在意。

环境和时代发生了变化：现在的孩子生活在一个物质相对丰富的时代，由于大部分家庭只有一个孩子，即使不是大富大贵的家庭，孩子的生活也是衣食无忧，孩子不担心自己读不好书就没饭吃。那么，能够打动孩子的是他们拥有梦想。

一个有梦想的人，会为了自己的梦想冲破重重阻力去实现，而且在实现的过程中会化困难为动力。周恩来的梦想是“为中华崛起而读书”，这一梦想最终让周总理圆了国家崛起之理想。莱特兄弟梦想着飞上天，最后成功造出飞机而实现了这个梦想。施瓦辛格梦想当一名演员，所以苦练身材，最后成了最健美的男一号。所以，不怕孩子不学习，就怕孩子没有梦想和爱好。只要孩子有梦想，家长要做的就是呵护孩子的梦想，引导孩子的梦想，让孩子为了自己的梦想去学习、去努力，那样孩子喜欢，父母省心。

平时父母如何让孩子拥有梦想呢？要从小培养和支持孩子的兴趣爱好，孩子喜欢画画儿就培养孩子画画儿，喜欢跳舞就培养孩子跳舞，喜欢游戏编程就让孩子学习游戏编程，不要为了让孩子学习而扼杀其他方面的天赋和兴趣。每一个孩子的生命里都有“梦想”的种子，家长的任务只是发现、呵护和培养。发现的方法主要是观察、倾听、交流和沟通。在现代科技发达的前提下，也可以辅以测评手段予以旁证。

当孩子的“梦想”也就是人生的奋斗目标确定后，家长要做孩子梦想的守护者和孩子实现梦想的相伴者，千万不能越俎代庖。

家长要帮助孩子制定实现这个“梦想”的近期目标，而后根据这个目标找出孩子实际存在的差距，再根据这个差距制定缩小差距达到目标的具体措施，然后再督促孩子把这些措施落实到具体的行动上。

时代不同，所呈现出的家庭教育不同，但本质是相同的：所有的父母无不希望自己的孩子长大成才，成龙成凤。时代在进步，家庭教育在转变，不同的家庭有不同的教育方法，每一位父母都是摸索着一步一步地前进，中国式家庭教育也在进一步地完善、发展。每一位孩子都是一块璞玉，还需父母细心雕琢、耐心打磨方能成才！

第二章

律师与法官——引导而不是判决

1. 贴标签是个技术活儿

在生活中，家长不经意就会给孩子贴标签而且多数是负面的标签，比如“这孩子太调皮了”“这孩子总是不爱吃蔬菜”“这孩子脾气特别急躁”“这孩子天生不是学习的料儿”。

美国心理学家贝科尔说过：“人们一旦被贴上某种标签，就会成为标签所标定的人。”毫无疑问，“差评式”标签会给孩子带来负面影响，甚至影响其一生。标签是社会对一个人的某种界定。比如，“这个人是坏人”“这个人是小偷”“这个人不诚实”等，这里的“坏人”“小偷”“不诚实”就是社会给这个人贴的“标签”。其他人就开始根据这一标签来对其做出相应的反应，结果当事人在社会的强化下，有意或者无意地接受了这一标签，从而产生了一个新的自我概念：我是坏人、我是小偷、我不诚实，并且开始做出相应的举动，最终使标签成为“自动实现的预言”。

所以，教育孩子不能随意贴标签，如果非要给孩子界定一个特征，那么就要用“好评式”的标签去引导孩子，从而带给他们正面的影响。

有这样一个故事：有一个非洲部落把宽恕作为一种仪式。当某人犯了过错，就会被带到村子中央，接受众人的赞美。全部落的男女老幼都停下手里的工作，将罪人团团围住，轮流列举他做过的好事。他的善行和美德被尽情歌颂，每一个细节都不错过。仪式最终发展成一个欢乐的庆典，大家欢迎他回到集体当中。他们把惩罚化为宽恕，以宽恕作为解决问题的方法，为我们提供了一些新的思维方式。从中可以使我们明白，包容虽然不能更改已经发生的不幸，但却可以改变未来，让犯错的人变得光彩照人。

何况我们是孩子的父母，是未成年人的保护者，我们每个人都有义务用正面积极的眼光看待孩子，给孩子贴上“正面积极”的标签，从而让孩子变得更优秀、更积极。

著名成功学家拿破仑·希尔从小被认定是一个坏孩子。与邻居的女儿相比，他显得野蛮粗鲁；与老教师的外孙相比，他显得孤陋寡闻；与女佣的儿子相比，他显得更加淘气；与自己的哥哥相比，他显得更不通人情……家人和邻居甚至认为他是一个应该下地狱的人，无论何时出了什么坏事，都认为是拿破仑·希尔干的。在这种情况下，他破罐子破摔，一心想表现得比别人形容得更坏。如果让他继续这样发展下去，也许我们就再也看不到他后来那一系列伟大的著作了。可是，他的命运却被一句话所改变。拿破仑·希尔的爸爸要再婚了。他把一个陌生的女人带进家门，愉快地为她介绍家里的每一个人。当走到希尔面前时，爸爸用略带厌恶的口气说："这就是家里最坏的孩子，拿破仑。"

拿破仑·希尔倔强地看着继母。可没想到她却说了一句让拿破仑·希尔终生难忘的话："最坏的孩子？我倒相信他是一个优秀的孩子。只不过你们没有发现他的优点罢了。"这个眼睛里闪烁着柔和光芒的女人用这一句话就改变了拿破仑·希尔的一生。

继母的这句话有什么特殊之处吗？没有。无论如何它也算不上豪言壮语，而只能说是一句普通而平实的肯定。正是这句肯定，把正陷入绝望和自暴自弃中的孩子拉出了悲剧命运的泥潭。

继母发现了拿破仑·希尔的优点。在继母的赏识下，拿破仑·希尔开始改正自己的缺点，并发愤学习。继母用她深厚的爱和不可动摇的信心，塑造了一个全新的拿破仑·希尔。

所以说，父母要有贴标签的技巧，不要随意给孩子贴负面标签，可以多贴一些正面标签。每个孩子都具备潜力，而有的孩子之所以脱颖而出是因为父母挖掘出了他的潜力，而有的孩子恰恰被父母的打击和负面标签扼杀了潜力。父母一旦认为孩子"笨"或"坏"或"浑身有缺点"，并且不断强化这种"负面消极的信息"，在孩子的心里就会形成一种信念，认为自己真的"笨"，真的"无可救药"，那么孩子就主动关闭了自己求知的信心和动力，变得如父母"期待"的那样"笨到家，坏到家”了。许多出现了问题的孩子，尤其是14岁以后的孩子，当追寻造成严重后果的原因时，无一不是家人总对其进行负面评价。

无论孩子是怎样的，父母都应该把孩子看成是一棵尚在发育成长的小树，当然会有旁逸斜出的时候，父母能做的并不是修剪掉树枝或去不断喷药，而是尽情给予他阳光雨露和爱的和风，等到孩子枝繁叶茂的那天，一定会是一根顶梁柱。因为，积极正面的眼光会让一个孩子变得强大和优秀。

孩子犹如一张空白的纸，标签具有导向性的指示，负面标签对孩子的危害不小，而正面的标签却能够引导孩子，所以，家长要掌握这种贴标签的“技术活儿”，给予孩子积极的心理暗示，又不至于让孩子骄傲自大。

2. 教育不要“不及”也不能“过分”

父母最应该学的教育智慧是“中庸之道”，所谓“极高明而道中庸”。中庸就是不偏不倚，为人做事恰如其分，既不能“不及”也不能“过分”，就是我们常说的那个“度”。

为什么说父母要学习中庸之道呢？因为教育这件事并不简单，也没有一套放之四海皆准的原则。不同的父母面对不同的孩子，不同的教育理念看起来相互矛盾、对立，让人难以把握其中的度。不过各种理念看似对立，实则各有各的道理，所以，我们要把握其中的那个“度”，避免僵化和走极端。

比如，一个极端是有的家庭对孩子极其严厉，不管孩子做错什么事，都是非打即骂，要不就是各种惩罚。而另一个极端则是有的家庭极度溺爱，无论孩子做错什么，都一句“孩子还小”一带而过。如果是中庸的做法，孩子做错事一定要告诉孩子错在哪里，如何避免下次再犯，或者在这次错误中学到了什么。让孩子明白自己做的是笨事还是坏事，这两种情况完全不同。笨事要引导，坏事要惩罚。

再如，有的家庭主张“穷养”，于是在孩子花钱方面苛刻得不得了，孩子花钱就是犯罪，导致孩子要个伙食费都胆战心惊；而有的家庭则主张孩子要“富养”，孩子花钱从不限制，各种高消费、胡吃海喝，父母充耳不闻。这两种做法都没有把握好“度”，第一种会让孩子产生自卑感，对家长心怀怨气；第二种会让孩子没有财务管理能力，不知道钱的价值，不知道劳动的价值。如果拥有中庸的教育之道，就会教给孩子该花的钱一分也不能省，不该花的钱一分也不要花。

《正面管教》一书中提到，大人与孩子之间有三种主要互动方式，其中两种就是“偏”和“倚”：一种是严厉，即“过度控制”，其典型特征是有规矩但没自由、无权选择、被命令必须执行；另一种是娇纵，即“没有限制”，其典型特征是有自由但没规矩、无限制地进行选择、“你想怎么做就怎么做”。

没有学会中庸之道的父母正是在这两个极端中左右摇摆，当发现严厉不起作用的时候，听到别人的建议是要“尊重孩子”，于是立即走向“无限制的民主”，孩子的意见为一切；当发现自由放任养出娇纵、放肆的孩子时，又立刻剥夺其一切选择权利，“我怎么说你就怎么做”。

这样过犹不及的教育方式，怎么能产生有效的教育效果呢？父母在家庭教育中如何学习这种既不要“不及”又不要“过分”呢？

第一，宽容却不纵容。父母对孩子的宽容表现在理解和接纳，很少或尽量不动情绪，做到心平气和。但对于孩子犯的错误要防患于未然，及时提醒，及时教育，及时惩戒。严加管教不是不宽容，宽容不意味着纵容孩子的错误，而是心怀善意地去纠正孩子的错误。比如对孩子犯懒不干家务，家长就万事代管，这不是宽容而是纵容。

第二，温和有边界。对于边界感，很多家长不是过松就是过严，很多人都听过“温和而坚定”这种说法，但是大多数人，没有想过怎么去做。因为实施起“既温和又坚定”是一件不太容易的事。孩子有对付父母的强大武器：哭！耍无赖！结果“温和”总是无效，“坚定”变成对峙。那么该如何做才能坚守“温和而坚定”的原则呢？

美国心理学大师科胡特曾用诗意的句子表达了类似的含义：“如何深爱你？用不含诱惑的深情。如何拒绝你？用没有敌意的坚决。”这话非常适合解释父母对待孩子的“温和而坚定”。“温和”是不带任何诱惑和条件去爱孩子，而“坚定”是不带怒气不带敌意，但就是不允许，这就是边界。如果从小到大，孩子接收到的都是父母既温和又坚定的态度，孩子不但能够懂得规则的意义，也能从父母身上习得原则和底线带来的真正自由和自觉。

第三，定规则有宽有严。宽，首先是宽松的家庭氛围。宽松的成长环境有利于培养孩子独立思考的习惯、敢于直言的品格以及柔和平静的性情。宽松的家庭氛围，更是培养孩子幽默素质的土壤。其次是一种不过分拘束孩子的教养方法。对孩子无条件信任，允许孩子独立选择喜欢的事情，自由地去做，并尊重最终的结果。严，并不是声色俱厉，更不是棍棒相加。管束与教育不同，管束只是控制孩子，甚至是发泄自己，而教育是激发孩子的自觉。严，是对原则的坚持，并以孩子能接受的方式实施。家长对孩子严格要求无可厚非，但要讲究方式和方法。父母如果不顾孩子的年龄，不尊重孩子的人格，不考虑孩子的能力大小而一味提出过高、过严的要求，就会加重孩子的精神负担，由此产生的自卑感会阻碍孩子的进步，会使孩子成为庸庸碌碌、没有个性甚至品行低劣的人。

宽严有度，孩子能够感受到家长真正的爱，也能够习得什么才是规矩和原则。

3．父母当教练不当裁判

越来越多的父母意识到父母当裁判孩子往往不服，而当教练反而能引领孩子成功，孩子也会信服父母、尊敬父母。

什么是教练呢？国际教练联盟是这样定义的：“专业教练作为一个长期伙伴，旨在帮助学员成为生活和事业上的赢家。教练帮助他们提升个人表现，提高生活质量。教练经过专业的训练，来聆听、观察，并按客户个人需求而定制（教练）方式。他们激发客户自身寻求解决办法和对策的能力，因为他们相信客户是生来就富于创意与智慧的。教练的职责是提供支持，以增强客户已有的技能、资源和创造力。”那么，教练型的父母可以理解为：这种父母相信孩子有自己的成长能力，相信他们可以成为最好的自己，家长的职责是围绕孩子的目标，提供支持、资源，最大化地激发他们解决问题的能力，最大可能地实现他们的目标。

有一个故事值得我们借鉴：在一个运动俱乐部里，因为学打高尔夫球的学员较多，教练不够，于是管理者将滑雪教练请过来，临时代替一下。可是，滑雪教练根本就不会打高尔夫球呀，管理者就说：“没关系，你就上去指导指导！”结果，滑雪教练教出来的学员比“高尔夫球教练”教出来的学员进步更大。深究其原因，滑雪教练只会问问题：你感觉怎么样？哪个地方不对？好，我们调整一下再试一次！这次感觉怎么样？什么地方在用力？好，再调整一下！

“高尔夫球教练”更多的是指导和监督，主观意识占上风，滑雪教练则不然，虽然自己不是高尔夫球专业的，却能引导学员自省，比直接教更有效果。这也是父母教育孩子需要借鉴的地方，像个教练一样引导孩子学会自主发力，要比自己像个裁判那样不断去评判孩子要好得多。

当裁判的父母，平时的表现就是给孩子打分、警告、亮牌甚至罚下。这样的父母挂在嘴边的说法就是“我告诉过你标准，怎样才能做到是你的事”；“我要求你要达到标准，做不到我就惩罚你”；“我告诉你了”；“我跟你说过一百遍了”；“我嘴皮子都磨破了”；“我苦口婆心，仁至义尽了”。

当教练的父母则会了解孩子的现状、分析孩子的优缺点，帮助孩子去寻找适合的训练内容以达到让孩子提高的目的。同时也会根据孩子的特长来安排与之相对应的训练项目和方法，并给予鼓励和肯定，最终让孩子自己通过努力做出成绩。家长懂得教练的艺术，通过科学引导、正确激励，让孩子独立解决问题，这将会给孩子带来巨大的收获。

十岁之前父母是高级指挥，凡事都由父母控制和安排，由于孩子年龄小所以离不开大人。但随着孩子慢慢长大，父母一定要变成教练。教练意味着权威，建立一个可信的形象，有专业水平；同时，教练能够带队员打胜仗，就像好导演能拍好电影一样。好教练肩负教会孩子的责任，更加关注孩子的个性和特质，而不是像裁判只盯结果。

具体教练要怎么做呢？

赛前排练，当孩子要面对一个事情之前，父母需要跟孩子不断演练；赛后回顾和评价，比如孩子做了这件事之后学会了什么？不太成功的地方在哪儿？下次要怎么做？我们和孩子一起从中学到了什么？

当父母能够从只看孩子结果的裁判形象渐渐过渡到帮助孩子成长的教练时，那么对于孩子来说将大有助益。

4. 父母与孩子“竞争”还是“合作”

人与人之间的相处模式可以概括为两大状态，一种是竞争，另一种是合作。竞争的状态会产生矛盾和纷争，合作的状态往往会带来利益和双赢。父母与孩子之间也是如此，家长与孩子之间如果是合作的状态，那么整个家庭氛围就是和谐稳定的；反之，家长与孩子之间是竞争的状态，整个家庭氛围就会压抑和紧张。

竞争的状态指家长用控制、惩罚等手段在短时间内战胜孩子，让孩子屈于权威盲目顺从，或者是孩子实在太难管教，逼迫父母放任不管，任由孩子信马由缰，父母趋于无力选择放手。

合作的状态是指父母用和善而坚定的态度，维护自己与孩子双方的尊严，最终实现正确管教和引导孩子，让孩子学会处理问题的同时父母也提升自己的教育水平，最后达到双方受益。

家庭如果出现“竞争”状态，意味着父母与孩子之间存在“权力之争”，也就是这个家庭要有“控制者”和“老大”的确立，“听谁的”“谁说了算”是家里的主要矛盾。

竞争状态的家庭关系会让孩子感受到自己是无足轻重的，是被控制的，是没有自我的，很多时候看似孩子妥协了，但那只是表面上无力反抗的假象，其真正的矛盾依然存在。另外，会让孩子对家长失去信任，慢慢有了任何需求都不再和父母讲了。这也是很多父母说，孩子小的时候还经常和父母沟通，越长大越不爱说话的原因。父母不给孩子倾诉的通道，又做不到倾听，孩子为什么要和你讲呢?

所以，避免家庭出现“竞争”的状态，父母要做的就是从自己身上改变，我们自己要做什么，而不是我们要改变孩子做什么。了解、鼓励、预想后果、相互尊重、敬畏生命的成长规律、赢得合作，这些都是解决竞争的方法。

具体怎么做呢?

首先，在任何时候都要遵循“温和而坚定”原则。越是语气和缓温柔，其实越有力量，孩子从父母的语言中听不到权威，听不到情绪，反而容易表现出合作的态度。而且也容易放下内在的戒备与对抗，这个时候父母再提出一些要求，孩子容易接受。

其次，要把孩子当成平等的对象。父母无论什么时候都不要以为高孩子一等。没有哪个人永远做孩子，父母也不可能是孩子永远的依靠，孩子注定要成长，要有他的生活和世界。作为家长，我们需要正视孩子的成长，在适当的时候“示弱”，懂得提前退出这场“战争”，把孩子人生的“控制权”交还给孩子。

最后，还有一点很重要的就是父母要做孩子的伙伴，而不是对手。怎么才能够做到孩子的伙伴，而不是对手呢？就是你要经常让孩子感到，他对你是有贡献的。这时候孩子会自然地觉得，你们是伙伴的关系。

比如说，家长要让孩子帮助去拿一杯水。这时候假如说：“你去帮我拿杯水。”这就没有把他当伙伴，而把他当成一个工具，孩子便会说：“我不去。”

如果同样的情况，换个说法：“我需要一个伙伴帮我拿杯水，谁愿意帮我？”孩子肯定会说：“我。”这个时候父母只需要说“谢谢你帮我拿杯水”就可以了，他立刻就能够感受到伙伴帮忙的感觉。这就是跟孩子不断地构筑伙伴关系的过程。

作为新时代的父母，我们一定要以我们的祖辈、我们的父辈为鉴，学会尊重孩子、倾听孩子，而不是将父母的权威强加于孩子。想想看，我们既非圣人，也不能代表绝对真理，我们不能保证自己说的每一句话都是对的；此外，孩子绝非我们的替代品，我们要允许他们按自己的意志生活，活出自己的精彩。

每一个孩子在成长的过程当中，都会跟自己的父母有过不止一场“战争”，包括我们大家。如果孩子赢了，就是喜剧；如果父母赢了，就是悲剧。

最重要的一点是，当一个孩子在家里感受到的是父母与自己合作的状态，那么他也就学会了用合作的态度与其他人打交道，这样的人情商很高，将来在社会上也会很受欢迎。

所以，要多站在孩子的立场想问题，尽量让孩子赢，最不济也要与孩子合作，而不要出现竞争。

5. “为你好”，其实并不好

当过父母的人总会不经意地对孩子说“这是为你好”，孩子也总是在父母“为你好”这种甜蜜负担下变得十分疲惫，甚至还会感到窒息。因为，大多数父母认为的“为你好”，而孩子感觉并不好。

父母与孩子出生于不同年代，时代背景和社会环境完全不同，有着自己看待世界的思维方式和做事方法，相处中一定伴随各种问题。父母觉得这样做是“为你好”，而孩子无法对父母的想法表示认同，矛盾便产生了。

父母常常口不择言，却总说是为子女好。老实说，忠言不见得非要逆耳，劝告也要讲究方式方法。既然是劝说，就不是非得让人接受，一定让人接受的不叫劝说而叫命令。可惜，很多人都是打着劝说的名义行命令之实。不论什么时候，我们命令或者强迫孩子做事情，都会导致忠言逆耳，而不是顺耳，孩子接受起来也就非常困难。当孩子犯了错或者违背父母的意愿时，父母的第一反应是“家长的权威”

受到威胁，为了保证自己的“权威性”，家长通常会对孩子下达命令。但是这种做法往往是适得其反的，家长对孩子的命令，只会激起孩子的“逆反心理”。即使父母真的为了孩子好，孩子也并不领情。

这个矛盾在家里很常见，比如，孩子想吃汉堡炸鸡，父母会说那是垃圾食品，可是孩子非要吃，父母非不让吃；孩子想玩儿电子游戏，父母会说那会成瘾、会坏眼睛，可是孩子非要玩儿，父母非要控制；孩子不想写作业，父母会说作业是必须要完成的，于是孩子在作业上各种磨蹭，父母看着孩子不好好写作业就威逼利诱、责骂，甚至动手。

表面上看全是家长为了孩子好，实质上，家长根本没有体会孩子的感受，依然在过家长的权力瘾。而孩子一天天长大，也想对这个世界实施一点点自己的控制权，他希望自己可以吃垃圾食品，可以玩游戏，可以晚写一会儿作业，这个希望的根本原因是想得到父母的支持与理解，希望父母承认他也是一个可以自由支配生活的人。

假如，我们换个角度来看问题，再垃圾的食品吃三五次也不可能对身体造成伤害；再可怕的电子游戏，如果父母首先不把其看成洪水猛兽，而是和孩子一起把游戏当成偶尔放松的机会，也不会让一个孩子沉迷；再不想写作业的孩子，最后怕去学校挨老师批评，也会正常完成作业。

解决问题的关键就看父母用怎样的心态去面对孩子的问题，父母要反思自己的内心，是不是自己先产生了恐惧和不安，才想要去控制孩子。

如果父母一直认为控制孩子是“为孩子好”，那么父母就太过功利，把与孩子的关系看作了“非输即赢”的关系，这样会让孩子感受到的不是爱与理解，而是压制。越是这样，父母越会有很大的无力感，同时孩子也会时刻想着要摆脱父母的控制，可能会导致父母和孩子关系僵化。

另外，父母的过度干预会给孩子身心造成一定的负面影响：

首先，剥夺了孩子的自由决定权。比如孩子想穿个什么衣服，理个什么样的发型，吃个什么样的快餐，这都是在培养自己的独立性，如果父母都以“为你好”为由横加阻拦，久而久之孩子就会失去这种自由意识，轻则变得没主见，重则开始叛逆，与父母对着干。

其次，打击孩子的社会交往能力。受到支持与理解的孩子，会培养出良好的判断力和理性交友的能力。相反，受到家长强烈控制的孩子，长大后更容易表现出对人际关系的渴望，对于以后的发展百害而无一利。

最后，父母认为好的，孩子不一定认可。举个最简单的例子，孩子喜欢编程，家长非得认为弹钢琴好，这就是将父母感兴趣的东西强加给孩子，而没有支持与接纳孩子的兴趣和爱好。父母努力使自己的孩子变得更好，但是他们却不知道这让孩子承受了更大的压力。

所以，父母在想为孩子好的时候，不妨想想自己的出发点是真好还是假好。要从孩子的角度来思考问题，而不是用自己的经历去安排孩子的生活。过来人的经验有时候不一定全对。父母只是引导者而不是参与者，因此，父母必须告诉自己，我们的角色是引导支持，而不是管理控制，只有当父母把自己放在正确的位置时，才可以和孩子更好地相处。平时要多和孩子沟通，除了倾听孩子的心声以外，还要懂得尊重和理解孩子心里的想法。孩子有自己独立的个性，需要我们的关爱和培养。很多父母以为孩子是自己的，替孩子做主是理所应当的事情。让孩子失去自己的空间和感受，对他是很不尊重的。父母不能用成人的眼光看待孩子，应把他当作大人一样尊重，平等生活，遇到事情一起商量，日后他才会拥有自信和独立的精神。孩子是独立的个体，有自己的思想和感受，需要我们的尊重和理解。当父母能够这样做的时候，才是真正为孩子好。

6．让孩子“听话”还是“懂话”

在教育孩子方面，很多父母会说“孩子不听话，太让人抓狂了”。尤其是当孩子处于七八岁这个年龄段的时候，“不听话”是常态。因为这是生命成长的必经环节，孩子在用他的心智来试探父母的原则和底线。孩子特别喜欢和父母对着干，说东偏往西，正话非要反着说，父母三令五申，他嬉皮笑脸当复读机，然后气得父母吹胡子瞪眼没办法。修为好的父母一声叹息，修为不好的父母用武力解决。

听话，似乎是我们从小到大被“教育”的核心，如果一个孩子是在“听话教育”下长大的，那么就会成为一个听话的大人，往往就会用同样的思维去要求自己的孩子，希望他们是“听话的孩子”。

而希望孩子听话的背后潜台词就是父母不想让孩子有自己的个性，不反抗父母的权威，从而做一个乖乖的、让父母省心的孩子。父母以为有了这样的孩子从此生活就一路花开，不用操心了。殊不知，做一个听话的人将来可能有的麻烦和无奈是不可想象的。

孩子在家长的权威下学会了唯命是从，就会变得没有自我，没有主见。到了学校，如果老师依然让孩子做“听话的学生”，那么将来走上社会的孩子敢不听老板的吗？在家里敢不听伴侣的吗？于是乎，整个人生哲学就只有“听话”，从此这个人哪儿敢特立独行？哪儿敢有自己的不同言论和主见呢？

中国的孩子从小最常听到的一句教育用语就是：小孩子要听大人的话。父母最不满意孩子的时候也是孩子不听话的时候。总之，听话似乎成了“好孩子”的最高标准。

正因为如此，在中国孩子身上体现出来的最明显的缺点就是缺乏独立性和创造性。

家长最苦恼的问题是“我家孩子总是不听话，怎么办？”，每次听到这样的问题，我总会有一种无力感。想让孩子听话似乎成了大部分父母的共识。他们认为，只有听话的孩子才是好孩子，只有乖孩子才是有出息的孩子。

从小到大，几乎所有的家长都会对孩子说，希望你是个听话的孩子。于是大家都努力地成为一个听话的孩子，有想法不表，有委屈不说，有欲望不求。似乎这样就可以让家长感到轻松，可是做这样一个听话的孩子，就一定好吗？或者说，家长真正把孩子培养成一个唯命是从的孩子就一定对吗？

所以，与其让孩子听话，不如让孩子懂话。

听话是为了让孩子服从权威，懂话则是让孩子明事理，二者有着本质的不同。

比如，当父母看着孩子的一些“错误”想去纠正，但往往孩子并不买账的时候，说明一是父母的话没有分量，二是父母没有觉察孩子的需求。

第一，怎样才能让自己的话有分量呢？就是父母不要说废话，不婆婆妈妈、唠唠叨叨。如果天天像唐僧在孙悟空耳边那样絮叨的话，肯定会让孩子反感。看到孩子的错误，最多提示两次，如果不听，就让孩子承担犯错误的后果，而不要强迫孩子听自己的话。如果两次提示孩子依然不听，甚至有的孩子会顶撞父母，这个时候，父母要做的是尊重犯。当孩子不尊重你的时候，你一定要学会尊重自己。离开孩子一会儿，让自己冷静。或者明确告诉孩子“你这个态度是对我的不尊重，我们都需要冷静一下，一会儿再谈”。

如此一来，孩子就会看到父母的底线和原则，父母既不会发脾气又不会说个没完，这样教给孩子的是冷静和思考。即使是一个很小的孩子，他也会有所触动，会想是不是自己做的这件事不对？孩子一旦开始思考，就有了解决问题的契机，等到双方都冷静下来，才有利于下一步沟通。这样一来，父母的语言就有了分量，不多说废话，给孩子留有余地，慢慢地孩子不但学会尊重父母，还会正确处理自己的问题。

第二，觉察孩子的需求。很多时候孩子表现出不听话或不合作的状态，往往是父母只想着达到自己的需求，而没有关注孩子的需求。以最简单的玩儿手机为例，如果父母只想让孩子放下手机，而不去想为什么孩子喜欢玩儿手机，肯定解决不了问题。可以说，没有人不喜欢玩儿手机，因为拿起手机人会处于放松的状态，刷刷搞笑小视频，看看段子，时间就不知不觉过去了。所以，比起枯燥的作业和学习来说，孩子肯定会对手机爱不释手。想要让孩子不玩儿手机，单凭说教、责骂或者抢夺基本上没多大效果，孩子也不会听。所以，明白孩子的心理需求，要站在孩子的立场去想，他为什么那么想玩儿手机呢？

首先，孩子无聊，没有人陪他玩耍，他只好选择手机；其次，手机里有让他放松的东西，所以他放不下。想让孩子放下手机，不要用抢夺、强迫等手段，而要充分肯定孩子的心理需求，告诉孩子爱玩儿手机没有错，因为父母也玩儿手机。然后通过分析手机的利弊来让孩子认识到玩儿手机时间长带来的危害，这样才是解决问题的入口。然后把主动权交给孩子，让孩子来决定使用多长时间就会放下手机。当孩子能够说到做到的时候，父母要及时表扬以强化他的这种行为。这样一来，要比咄咄逼人地说他、骂他好使得多。而分析玩儿手机利弊、允许孩子自己做主的这一过程，就是让孩子明事理、懂话的过程。

一个孩子不听话，往往是父母的“打击式教育”造成的。如果父母能够在说教孩子的时候及时止嘴，少说多做，做给孩子看，而不是希望孩子改变，那么孩子往往会表现出更多的合作状态，而不是排斥和对抗。最重要的一点是，当父母说得越来越少，那么就不再希望“孩子听话”了。因为，希望孩子听话是一种不平等关系，父母高高在上；孩子一旦能够懂话明理，父母与孩子就形成了平等的关系。

所以，当父母还在纠结孩子“不听话”的时候，要想想大人是否教会了孩子懂事明理，而不仅仅让他做一个听话的应声虫。

7. 帮孩子还是害孩子

在家庭教育里，有一种很奇特的现象，很多父母不遗余力地帮助孩子，导致剪断了孩子的翅膀让其失去了飞翔的能力。另外，过度地“帮助”还会让孩子变得不感恩、不知足，甚至变成不知道如何生活的“白眼儿狼”。如果家境一般，则还罢了，毕竟父母能力有限，孩子也逐渐会因为碰壁而吸取教训。如果家境很好，则孩子容易在很小的时候就比其他孩子有优越感，就算出点儿事情，父母也会摆平，那么，这种孩子长大后，就很容易出比较大的问题。

这种父母过度帮孩子导致害了孩子的例子比比皆是。对于父母来说，哪些要帮，哪些适当帮，哪些不能帮，每个选择都会对孩子产生非常大的影响。帮得好了，孩子受益终身；帮得错了，贻害无穷。

比如，网上报道的一个案例，一个胖女子在大街上用手狠狠地拽着一个环卫工人的头发拖行数米，旁边其他环卫工人急忙上前拦架。记者一采访才知道，原来是女儿在向母亲要钱！被打的母亲已经

48 岁了，做环卫工十多年，一个月才几千元钱。她的女儿连孩子都有了，还隔三岔五伸手向母亲要钱，不给钱就辱骂、吵架、打架……

比如，网上的另一则新闻，一名硕士宅男 45 岁依然啃老，虽然他从小就是学霸，甚至拿到了加拿大名校的工程硕士学位。但是，他学业有成回国之后拒绝工作，天天窝在家里，每天过着白天睡觉、晚上玩儿游戏的生活，靠着年迈而且患有尿毒症的母亲的退休金生活。造成儿子这样的局面，他的母亲懊悔不已："我教育不对，样样包办，他从小样样现成的，依赖惯了……我不是在帮他，而是把他害了。"

再如，一个妈妈在上初中的女儿书包里发现一封情书，没有合适的方法也不理解女儿，为了帮助女儿走出早恋，竟然拉着女儿一起去跳河，以此来威胁女儿。要不是围观人群及时报警解救，母女俩差一点儿就丢了性命。事后妈妈对着镜头说出了让人大跌眼镜的话："我的方法虽然极端，但我在帮助孩子，这么小谈恋爱耽误了学习，将来她会恨我……"

以上这些案例都是家长错误的"帮"变成了"害"，要么让孩子失去了生活的能力，要么让孩子感受到了心灵的重创。

所以，父母要懂得什么时候该帮，什么时候不能帮，什么是正确的帮，什么是有害的帮，那样才能给予孩子更多的支持，才能正确引导孩子。

8. “授之以鱼”不如“授之以渔”

民间流传过一个“懒汉吃饼”的故事。

有一个懒汉，过着衣来伸手、饭来张口的日子，平时都是由母亲照顾他的生活。有一天，母亲要出远门，大概要耽搁好多天才能回来，不免担心儿子怎么吃饭。左思右想，聪明的母亲想出了一个法子，烙了一个大大的饼，中间掏一个比懒汉脑袋稍大的洞，刚好能够穿过懒汉的脑袋，套在懒汉的脖子上。这个饼很大，足够懒汉吃上十天半月。母亲做完这一切，才放心地出门了。但在外面过了几天，母亲又开始担心起家里的儿子，担心他会不会饿着，饼有没有吃完。好不容易办完事，这位母亲回到家打开门一看，儿子一动不动地躺在床上，一探鼻息，早已气绝。再看懒汉脖子上的大饼，只少了嘴巴够得着的地方，其他地方都没动。原来这懒汉懒得连头都不愿转动一下，只吃了他嘴巴够得着的饼，而后就这样活活饿死了。

短短一个寓言故事但却包含了很深的哲理，这个懒汉的悲剧是母亲一手造成的。所以当母亲不在他身边的时候，他已经失去了活下去的能力。

家庭教育是非常重要的，不仅仅是让孩子吃饱穿暖，还必须让孩子成长为一个真正的人，触发孩子内在的生命力，使孩子能在未来产生源源不断的生存动力。在我国自古就有“授之以鱼，不如授之以渔”的道理，这句话用在家庭教育上也是一条金科玉律。当孩子遇到问题的时候，不是马上给予答案，而是给予其方法和解决问题的能力。

虽然孩子在父母眼里看着是弱小的，需要不断呵护和提供帮助，但是他总有一天要离开父母，独立地在社会上闯荡和生活，所以，一个孩子会钓鱼才可以，而不仅仅会吃父母给钓到的鱼。外国的父母对孩子的关怀也是无微不至的，但他们比较注重对孩子独立性的培养，从小培养他们勇敢坚强，让孩子参加力所能及的家务劳动，让孩子感到自己是家庭集体的一个成员，他应该为家庭做一些事情，这样就能逐步形成劳动的习惯。等到上了高中的时候，就要培养孩子自己养活自己的能力。

父母切不可处处包办，时时替代，那样只会让孩子变成一个没有生存能力的人，而不会成为一个真正有能力的人。

孩子们一天天长大，如果父母处处替代，他们就会习得一种错误的认知和价值。他们不会拥有更多的知识和能力，而一直是父母捧在手心里怕摔了的“宝贝娃娃”。从远大理想被父母的溺爱给扼杀在摇篮的那一刻，他就明白了自己的人生将会是多么轻松，不需要他努力学习知识，没有头脑一样可以享受荣华。无须他去为生活而奋斗，或为让养育他的父母能过上更好的生活而奔波，他只需向父母撒个娇，或者说个谎话，大笔的钱财就到手了。这样的孩子毫无顾忌地挥霍着父母积攒下来的财富，没有感恩，没有歉疚，一副心安理得的姿态，将来就会变成一个冷酷、无情、一无是处的人。

所以，不要给孩子以鱼，而要给孩子以渔。平时在家里要做到：

第一，不做过分保护型家长，也就是不去包办代替，不用溺爱造成孩子“营养过剩”而成长“营养不足”。这样的“授之以鱼”，易使孩子养成大事小事都靠家长的思维和行为习惯，失去自我体验、自我动手乃至自我碰壁的锻炼机会，失去自我发展的个性空间，自然容易患上“成长软骨病”，甚至缺乏自我独立意识和独立生存生活能力。

第二，不做过分干涉型家长。家长要宽严有度，如果过分严格就变成了专制，孩子只能按照父母的意思去做事，渐渐地会失去自我意识。孩子往往无主见、无主张，容易别人说什么是什么，没有自己的立场和思维创新能力。

第三，不做惩罚型家长。经常惩罚孩子的家长是走向了宠溺型的另一个极端，对孩子不仁道的惩罚不但不会养成自主独立的性格，反而会让孩子心生自卑，遇事唯唯诺诺。在经常性、高强度的批评和惩罚下，孩子的性格会发生扭曲，往往会变得冷漠、缺乏爱心，甚至误入歧途。

第四，授之以渔要因材施教。教育不是万能的，尤其天下没有两个孩子是完全相同的，所以教育的方法也要因人而异。好的教育理念和成功的教育案例我们可以参照，但不能照搬，适合自己孩子的方法才是好方法。

第三章 鱼与熊猫——天赋不同 因而优势不同

1. 给鱼足够的水，给熊猫足够的竹子

爱因斯坦曾经说："每个人都是天才，但如果你以爬树能力来评断一条鱼，它将一辈子相信自己是个笨蛋。"

所以，针对不同的孩子给予不同的教育才是最正确的也是最重要的。如果孩子是鱼，那么给其足够的水；如果孩子是熊猫，给其竹子就好了，而不要反其道而行之。

什么是反其道而行之呢？比如，大人总是拿自己的孩子和别人的孩子比，"你看人家谁长得多高，你看你那么爱挑食""你看人家谁弹琴多自觉，你每次都要我催多少遍""你看人家谁多爱阅读，你却总是惦记着玩耍""你看谁画得多棒，让你学你还不学"……这些不经意的言论除了打击孩子外没有任何可取之处。换个角度，如果孩子也说"妈妈，你为什么做的蛋糕不如小明妈妈做的好吃""爸爸，你为什么不开豪车"，家长的心情又如何呢？

把孩子与别人做比较是一剂毒药，其背后的含义就是父母没有

把孩子当成他自己，有的孩子会画画儿，有的孩子则会做家务，各有优点，互不相同。有的孩子是鱼，有的孩子是熊猫，所以，不能用固定的眼光去看待一个不断发展变化的生命。家长有时候不由自主地根据自己的经验和世人的普适标准去要求孩子，根本没考虑过是不是适合他。如果孩子天生是左撇子，家长和老师会去纠正他，直到成功地将他变成右撇子。我们还喜欢拿其他孩子的长处去比较自家孩子的短处，时时提醒孩子哪些方面技不如人。这些对于孩子来说是一种很残酷的打击，对于家长来说也是一种错误的教育方式，起不到任何积极的作用。

朱熹说过："圣贤施教，各因其材，小以小成，大以大成，无弃人也。"科学家发现：人成年之后，如同兴趣爱好一样，那些核心的个性特质也会相对稳定。每个人都有自己的天赋优势，教育就是让每个孩子的潜能得到充分的发挥。

我们应该去守护自己的孩子，观察和发掘孩子的兴趣和特质，根据孩子的天性，帮助他们走一条适合的路。不会读书的孩子可能拥有艺术、音乐、运动、空间或者人际交往方面的能力。但如果我们硬将他们塞到一条流水线上，按考试成绩的好坏去衡量他们合不合格、聪不聪明，那就是让孩子将自己的短板去跟别的孩子的长板去比拼。最后，孩子与生俱来的能力没有精进，反倒有可能丧失自信，觉得自己真的非常蠢，是一个失败者。

孩子就像那稚嫩的幼苗，需要父母和老师的精心栽培。不同的幼苗所需要的生长条件是不同的，就像柳树需要生长在水旁，松树却可以生长在岩石中一样。每个孩子因为成长环境以及自身的原因，有着不同的学习风格，水平也参差不齐。那么，因材施教，进行个性化教育就成为必要。

家长和老师不仅仅需要了解孩子，更应该善于发现孩子的优点从而鼓励学生树立自信心。给他们提供他们需要的支持和资源，而不是拿孩子的弱项去对比别人的长项，那样等于无情打击孩子的积极性和自信心。

苏霍姆林斯基说过："世界上没有才能的人是没有的，问题在于教育者要去发现每一个孩子的禀赋、兴趣、爱好和特长，为他们的表现和发展提供充分的条件和正确的引导。"善于发现孩子的优势，注重个性发展，将合适之法给予合适之人。扬长避短，让每一个孩子的潜能都得到充分的发挥，让每一个孩子都成为自己领域的"爱因斯坦""毕加索"。

不要强迫鱼去爬树，不要强迫猴子去下河捞鱼，如果孩子是鱼，教育者能做的就是尽量提供充足的水，这样就很好了，不逼迫、不打击，把自由还给孩子。

2. 外部驱动与内部驱动

大部分家长在教育孩子的过程中生怕孩子学不好或者不成才，于是动用各种手段，这些外在手段包括奖励，也包括惩罚，可以是语言上的，也可以是物质上的。不可否认，多数情况下外部的这些驱动能够让一个孩子发愤上进，比如考得好家长会奖励，考不好会受到惩罚；在学校学习好可以被评优或评“三好学生”，学习不好会被老师打击批评；等等。这些外在驱动是有效了，但是建立在让孩子感到压力和焦虑的基础上，越往后期效用越低。与之相反的则是让孩子自己拥有“内部驱动力”，一个孩子只有具备了自我驱动，他才会自主自发地去学习和提升。

什么是内驱力呢？我们分享一个故事：

有个美国游泳队的职业选手，游泳非常好，而且还是一位名人。但是这个孩子在小时候游泳时，没有人会觉得他能成为奥运会游泳队的选手，原因是他的父母并不重视这件事。每次去训练的时候，别人家都是父母帮着背包，孩子在那儿游，父母在旁边一直看、加油、鼓励。只有这个孩子家里从来没人陪，每次都是他自己一个人背着包，然后默默地跳进去游，游来游去，默默无闻，没有人觉得他们家重视游泳这件事。结果这个孩子成了游泳冠军，并且代表美国参加国际游泳比赛。

为什么呢？因为他的所有动力根本不是来自外部驱动，不是来自父母的荣光、学校的奖励，或者是来自外在的攀比。他就是自己要游泳，所以即使没有人陪伴，没有人给他喊加油，他也会在那儿不停地游、不停地游，最后游成游泳冠军。

中国台湾漫画大师蔡志忠也是这样，四岁多就知道自己一辈子就要和画画儿结缘，几十年来他每天只睡三四个小时，却从来不觉得辛苦，感觉自己每天都处在喜悦的漫画创作中，有时根本无法停止手中的画笔。

所以，家长可以适当给予孩子一些外在驱动，但是如果孩子本身内在没有这种自我驱动和强烈的目标，也不好使。

人生当中最重要的东西，就是找到内驱力。拥有自我驱动力的人，会想方设法找到可以利用的一切资源与工具，进行自我学习、探索，或与人合作与创新。而没有这种强烈动机的人，即使拥有再多的资源、工具，都没有用。

想做好任何事情，都是先有心而感，心里有强烈的感觉与动机，便会想尽一切办法，找到一切可以利用的资源与工具，去学习、摸索、实现。

那么，既然知道了自我驱动这么重要，如何让孩子拥有这种能力呢？

首先，让孩子放开了玩耍。孩子只有被允许在本该玩耍的年龄尽量释放自己，他才能体会到什么是掌控感。如果孩子每天变成固定的上学、放学、写作业、上辅导班、继续写作业……这样机械而单调的重复，会让孩子千方百计想着逃离这样的固定模式。所以就很容易陷入游戏中不能自拔，游戏上瘾的背后是孩子在游戏中找到了放松，找到了自我掌控感。不是孩子太爱玩游戏，而是孩子太少在外面有玩儿的机会。一个会玩儿的孩子，往往是一个爱学的孩子。这是建立孩子自我驱动的第一步。

其次，给孩子一个充满信任感的形象定位，有利于提升自我内驱力。不管孩子现在做不做得到，是不是做得很糟，如果你希望他表现更积极，就不要故意用反话刺激他，结果只会事与愿违。最好的办法是给孩子一个“你可以做到”的积极形象定位，久而久之，你会发现，孩子真的做到了！如果父母长时间对孩子说“你能做到，你是优秀的人，你是会找到办法的人”，慢慢地，它就会变成事实！

最后，让孩子在他喜欢的事上用力。很多父母容易跟风，看到别的孩子学钢琴就赶紧报钢琴班，看到别的孩子学画画儿就赶紧报美术班，而不去觉察自己的孩子是不是喜欢钢琴，有没有画画儿的天赋。孩子在他自己喜欢的事情上，往往会有自我内驱力，反之，他会有挫败感。挫败的次数多了，他又如何培养起自主学习和自我驱动呢?

所以，当我们能够允许孩子拥有足够玩儿的时间，同时给予孩子更多的自主权，然后帮助孩子找到他擅长、喜欢的事情，这样孩子就容易慢慢建立起自我驱动力，从而慢慢成为一个拥有目标且不断努力的孩子。

3. 每个孩子都有闪光点

每个孩子都是独一无二的天使，都有自己的特长和天赋，但是家长却总是看不出来孩子的闪光点在哪里。每个孩子都有自己的闪光点，无论性格活泼好动还是脾气暴躁不听管教，作为家长所要做的，就是付出足够的耐心去发现孩子的闪光点，给予鼓励及信心。

每个孩子的身上都具有无限的潜力和可能性，在以后的成长中，这些无限的潜力慢慢变成一个人安身立命的能力。每一种能力都有它的用武之地，每一个拥有特殊能力的人都会因自己的能力而获得生存机会。这是因为各种各样的人会有各种各样的服务需求，而任何一个人，都因为能为他人服务而获得生存机会。所以，无论是什么样的能力，都会被人类所需求，都能使人靠这个能力去养活自己。

有语言天赋的孩子将来靠语言方面的能力养活自己，有艺术天赋的孩子将来靠艺术天赋养活自己。即使什么天赋都没有的孩子，也会有闪光点，或诚实善良，或勇敢大胆，这些都能让孩子在未来的生活中拥有精彩的人生，家长所需要做的只是教育和有一双发现他们闪光点的眼睛。就像童话大王郑渊洁父亲郑洪升说的那样：对于孩子要多一双眼睛、少一只耳朵。意思是要有挖掘孩子闪光点的眼睛，关闭一些世俗对孩子的负面评价。

比如在电影《放牛班的春天》里，所有的孩子都是校长和家长眼中的“差生”，一无是处。但新来的老师马修先生却认为每个孩子都有自己的闪光点，即使他在某一方面很糟糕，但依然有值得关注和鼓励的优点可供发掘。

正如这部电影中，孩子们在合唱中担任着不同的角色：中音、高音、低音。“天生我材必有用”，社会是个大舞台，每个人都有自身的价值，都有自己的人生定位。影片中的孩子们虽然顽劣，但是每个人身上都有独特的才能倾向，只要以他们的智能行为标准去评价，我们就会发现，每个学生都是独特的，都是可以培养的。

孩子们由于个体差异，在兴趣爱好和意志性格等方面存在差异，所以，作为教育者无论是家长还是老师，都要关注这些差异，理解这种差异，最终让每个孩子都可以扬长避短，发挥出自己应有的优势，闪闪发光。

每个孩子都与生俱来有着强大的自我能量和无限可能性，只是父母没有发掘或发现，我们面对自己的孩子时要具备这样一个认知，那就是他具有无限的可能性，他的上升空间是没有限制的。

每个孩子，都可以闪闪发光。而家长要做的，就是去引领孩子发现自己的闪光点，帮助他接纳并找回自我，才能更加从容不迫地走向新的人生阶段。我们要善于发现孩子的长处。有很多父母，总觉得别人的孩子是天才，自己的孩子像个蠢材；别人的孩子是金子，自己的孩子是沙子。有这样的心理，他们永远不会主动发现孩子身上闪光的地方。

4. 父母当伯乐，孩子才是千里马

很多人都希望遇到贵人或伯乐，让自己能够尽情施展天赋与才能，那么，谁才是孩子的伯乐呢？当然是家长和老师，而且主要是家长。如果家长有一双善于发现的眼睛，孩子就很容易成为脱颖而出的千里马。能发现千里马的人是伯乐，能发现孩子长处的父母是称职的父母。

教育专家卢勤说过，人人都是天才，要让孩子的潜力发挥出来，父母就要帮助孩子去发现“我能行”“我哪点最行”“我哪一点会更行”“没有笨孩子，只有潜能尚未发挥出来的孩子”，要使孩子明白这些道理，需要父母和老师共同做工作。

在《教出孩子生存力》一书中，作者大前研一分享了他把孩子养成“自食其力的人”的经验。他认为培养孩子的生存力，是父母最重要的任务，相较而言，学校往往不如父母对一个孩子的影响深远。在书中，他的两个儿子都曾辍学，在大家都觉得早早辍学没有出路的时候，大前研一作为家长开始了对孩子的正确教养。他的次子从小喜欢电玩，中学时热衷于程式设计，更把学校的功课撇在一旁，后来决定去美国留学，进了一所名校的电脑工程学系后，却说没东西可学而决定辍学。他的长子也一样，没有朝自己喜爱的化学之路前行，在大学时突然转换跑道，最终没有毕业。

虽然没有读完传统的学业，但两个孩子却也坚强地生存了下来。长子二十多岁时自行创业，经营一家网络顾问公司，有四五十名员工。次子则在一家提供游戏开发中介软件的技术公司任日本区总监，同时也另开公司，自己担任社长。

大前研一认为，父母只要有伯乐的眼光，不一定要局限于眼前的事物，尤其不要对孩子一丁点儿的表现就早早下结论。只要不走错路、不犯法，孩子即使走些冤枉路也没关系。家长能做的是帮助孩子找到适合他的路，并协助孩子把他的天赋发挥到极致。这样的孩子无论将来是赤手空拳还是白手起家，都能有自己的生存力。

因此，他希望告诉所有父母，就算孩子成绩不佳，也没必要担忧。需要担心的反而是那些十分适应现今教育制度的优等生，尤其是毕业于一流大学的学生。这些高才生一直误以为自己是优秀的人才，抱有“我在学校已经学得够多了”“我非常优秀”的心态，遇到挫折更容易受打击。加上他们生存力较弱，倒下之后往往一蹶不振。大前研一希望所有父母不要用刻板的价值观思考孩子的未来，而应该尊重孩子的天赋，进而磨炼出他们的生存力。用伯乐的心态和眼光去发现孩子，去帮助孩子，从而让孩子找到属于自己的优势，并放大这个优势，这才是教育的最核心价值。

当然，在教育孩子的路上，每个孩子都是千里马，但不是所有的父母都是伯乐，甚至有的父母会因为自己的浅薄而扼杀了未来的千里马。尤其是当父母认为只有系统学习课本知识才是正确的时，把孩子的天赋和才艺当成了不入流的、耽误时间的，那么往往会让原本可以闪闪发光的孩子变得黯然失色。

其实每个孩子都是一粒种子——千里马的种子。在呵护萌生的过程中，需要我们去悉心发现他天才的一面；或许有些孩子从一开始就很绚烂，有些孩子可能要经过漫长的守候。

作为家长我们只需发现、坚持和积极引导，而不要干预和压制一粒种子天才的特性，相信这粒种子迟早会绽放异彩。

5. 不批评也不表扬

近年来，我们经常听到这样的说法：要及时地表扬孩子以增强他们的自信心、提升价值感，从而塑造他们的行为。但是，随着人们对教育的认知提升，认为过度表扬孩子也存在一定的风险。表扬不当也会给孩子带来负面影响，所以，我们要追求一种既不批评也不表扬的教育方法。

我们都知道一个基本的原理，跟孩子成为朋友是最好的亲子关系。而成为朋友的前提要求是父母要有一颗平等心，从内心深处觉得与孩子是平等关系。批评很容易理解，就是用指责和要求给孩子压力。表扬难道不是吗？表扬也是一种自上而下的方法，就像上级对下级一样。所以，无论是带着目的性的表扬还是不友好的批评，与孩子建立起的关系都不是平等的关系。一旦不是平等的关系，则很难有效地去指导孩子，孩子也很难对父母心悦诚服。

我们先说说批评孩子带来的坏处。如果一个孩子从小到大总是被父母用批评的方式来教育，父母总是训斥他甚至贬低他，那么这个孩子的内心一定是自卑的，即使有一些人的内心足够强大，能够越挫越勇，但深埋于他心底的被自己最亲的父母、最信任的人的伤害永远存在。父母要记住，孩子是家庭一分子，父母是他最亲的人、最信任的人，如果他在最信任的人这里得不到认可、得不到鼓励，他就会怀疑自己是不是值得被爱，从而开始怀疑人生和整个世界。

那表扬的问题在哪儿呢？如果父母总是用表扬这一方式来驱动孩子去做一件事情，最后的结果可能导致如果得不到表扬孩子就不会去做。他把做事情的动力建立在表扬这个基础上，是外力的作用，而不是内在的驱动力。比如，一个孩子得不到好的物质的奖励，得不到老师的表扬，得不到班级小红花，得不到好的排名，他就会很难受，就会自暴自弃，这就是表扬的害处。这些外在的东西让一个人产生了向好的动力，一旦没有“表扬”这个驱动力，就会觉得对什么都提不起兴趣，甚至向着相反的方向行进，这就是表扬的害处。

那么，我们如何做到既不批评又不表扬呢？孩子做对了事情，父母不要表扬他，而是要谢谢他。

如果父母能够对孩子做对的事表达出谢谢的时候，孩子立刻就能够知道，这件事他做对了，并且让他获得了价值感。比如，孩子在公共场合上没有大吵大闹，如果你对他说“你真棒，没有吵闹”，听起来很奇怪。这就好像表扬一个人没有随地乱扔垃圾一样，公共场合本来就不能大吵大闹，做到了也不需要表扬。这是一个做不到就是违反规则，做到了不需要表扬的事。如果父母对孩子说“谢谢你，今天在公共场合没有打扰别人”，孩子就会收到一个正确的信息，认为自己做对了，孩子的价值感会大幅提升，同时让孩子明白，其他人做对的事，我们也应该对别人表示感谢。

父母对孩子说“谢谢你”，是把孩子视作横向关系、平等关系。当接收到一个人的感谢时，顿时会觉得自己是有能力的，是有贡献的，是有价值的。当一个人能帮助别人的时候，他才是一个强者。

批评带给孩子自卑，表扬带给孩子自傲，所以，真正好的教养方式是既不批评也不表扬，孩子做错了以后要引导，做对了以后要感谢，这就够了。批评不好，表扬也不对！不要批评，不要表扬，把孩子当作朋友一样。

人生的路很长，很多时候都需要孩子自己去面对，也许会有很多无辜的批评，也许成功后也不会拥有表扬。作为父母，我们应该平等地尊重孩子，适时地放手，让孩子自己做决定，改变我们的思维和表达方式，与孩子的心走得更近一些。毕竟，好的亲子关系，难道不应该是我们最重要的追求吗？

所以，从今天起，告诉自己，不表扬也不批评孩子，而要换一种思维和表达方式进行亲子教育。

6. 积极反馈与暗示的力量

有句话是这样讲的：如果你希望孩子成为什么样的人，那么你就天天说他就是将来要成为的那个人的样子。你不断说孩子优秀，他就真的会变得优秀；反之，如果天天说孩子是笨蛋，他就真的变成了一个笨蛋。为什么会这样呢？这就是积极反馈和暗示的力量。

心理学家罗森塔尔做过一个实验，到一个学校从一年级至六年级各选了3个班，对这18个班的学生进行了“未来发展趋势测验”之后，罗森塔尔以赞许的口吻将一份“最有发展前途者”的名单交给了校长和相关老师，并叮嘱他们务必要保密，以免影响实验的正确性。其实，罗森塔尔撒了一个“权威性谎言”，因为名单上的学生是随便挑选出来的。8个月后，罗森塔尔和助手对那18个班级的学生进行复试，结果奇迹出现了：凡是上了名单的学生，个个成绩有了较大的进步，且性格活泼开朗，自信心强，求知欲旺盛，更乐于和别人打交道。

这个实验之所以这么神奇，不仅在于学生收到了积极的暗示，老师同样也收到了暗示，对名单上的学生抱有了更高的期望，而且有意无意地通过态度、表情、体谅和给予更多提问、辅导、赞许等行为方式，将隐含的期望传递给这些学生，学生则给老师以积极的反馈；这种反馈又激起老师更大的教育热情，维持其原有期望，并对这些学生给予更多关照。如此循环往复，以至这些学生的智力、学业成绩以及社会行为朝着教师期望的方向靠拢，使期望成为现实。这就是著名的“罗森塔尔效应”的积极反馈和暗示效应，对于一个人产生的神奇魔力。

这种魔力尤其体现在家庭教育中，当父母没有给孩子充分的信任时，孩子会默默接受这种暗示，认为自己笨、自己学习不行、不会照顾自己、不能掌控自己的生活……于是，家长总觉得自己不能放手，说到底是对孩子没有信任。如果父母给予孩子充分的信任和鼓励，认为孩子学习不用大人操心，是懂事的孩子，也是自己能为自己做主的孩子，这样慢慢孩子就在父母这种积极反馈和暗示下变成了一个优秀的人。

所以，不是孩子天生如何，而是孩子后天受到了不同的暗示变成了不同的人。天才孩子的背后一定有同样充满智慧的父母给予孩子最宝贵的信任，一无是处的孩子同样背后一定有百般挑剔，总是给孩子负面反馈和消极暗示的父母。

所以，给了我们一个启示，那就是在我们心灵深处，认为我们的孩子是什么样的人，往往他就会成为什么样的人。

有一句话叫“长大后我就成了你”，实际上，不是“我”成了你，是“我”拥有了你赋予“我”的那种对“我”自己的这种认知。面对这样的一个深层次的逻辑和真理的发现我们应该怎么做呢？如何做才能够让孩子成为他自己，在孩子成长的关键期、敏感期获得正确的信息和认知，使得他们一生幸福、平安、成功、受人发自内心的尊重？

7. 给孩子价值感与归宿感

“归宿感”和“价值感”是每个人终其一生在寻找的目标。归宿感就是有人爱，价值感就是感觉自己有价值，这两点构成一个人的全部。有句话说“幸运的人一生都在被童年治愈，不幸的人一生都在治愈童年”。所以，每个孩子的归宿感和价值感都来自原生家庭和童年体验。

一个人的童年经历，特别是原生家庭，对个人性格、行为、心理起着决定性的作用，并且会产生长期、深远的影响，甚至会决定一生的幸福。

所以，我们作为父母，给孩子营造良好的原生家庭是给孩子成功的根基，是让孩子能够找到归宿感和价值感的地方。

孩子在家里寻找归宿感和价值感可以体现在以下几个方面：

第一，孩子需要与父母建立亲密的连接关系孩子很多看似不可理喻的行为背后其实都是在寻找归宿感和价值感，举个最简单的例子，如果孩子希望妈妈多陪伴自己，多和自己玩耍，这个时候如果妈妈能够及时回应孩子的需求，放下手里的工作或家务，跟孩子玩耍几分钟，孩子可能就不会那么黏人，会在需求满足之后允许妈妈继续干家务而不再无理取闹。他只是确认一下妈妈是不是爱他。如果孩子向妈妈发出请求后妈妈以正在忙为理由拒绝了孩子的请求，甚至把他推给爸爸，这样孩子就会觉得自己不够被重视，就会出现更加黏人的现象，越是妈妈不想帮忙，他越想去缠着妈妈。孩子内心最大的渴望就是与父母（尤其是妈妈）建立连接的归宿感。当孩子要求父母做一件事的时候，就等于是发出了寻求连接的信号，如果父母能够积极回应，孩子的内心就会觉得：我是有所归属的；反过来，如果父母表现出一副被打扰的样子，说“你自己玩儿不行吗？”“我现在很忙，等会儿再说。”“你就不能找你爸爸吗？”孩子从这些话中得到的信息是拒绝，由此他会感到沮丧和低价值感。为了继续与父母产生连接，他就会变本加厉地打扰、捣乱来吸引爸妈的注意力。

如果父母知道了这点，平时就要有所改变，当孩子来“烦”你的时候，你要不怕烦地去回应他，如此收到的效果可能正好是他不再“烦”你。当孩子得到了父母的及时回应，反而能够表现出懂事的一面。

第二，孩子希望自己拥有一些掌控力。每个人来到这个世界上，都希望独立地去做某件事。对于孩子来说，比如什么时候练琴、什么时候写作业、什么时候上床睡觉，孩子的内心希望得到父母的肯定，认为自己能做到。所以，当父母催促写作业、催促练琴、催促上床睡觉的时候，孩子会认为自己不行，时间一长，这些本该孩子自己来负责的事情慢慢都变成了父母的。当孩子不认为自己是有能力时，他们会和大人顶嘴、争吵，以求得在家里得到一些掌控力，证明自己是强大的。所以，父母不能把孩子自己的事揽过来，要让孩子对自己的事情负起责任。可能家长要问了，如果不催促孩子就不去完成，那怎么办？这其实还是在最初没有给予孩子足够的自我鼓励，也没有让孩子学会承担责任。当他不想做作业的时候，就让他不做，老师给予他惩罚以后，他就会认为作业是自己必须要完成的；当他不想弹琴的时候，要从深层原因去挖掘，看看孩子是不感兴趣还是没有在其中找到乐趣；当孩子不能按时上床的时候，要从家庭所有成员入手，是单他自己不能早早睡觉还是家里本身没有严格的作息时间。

所以，给予孩子一定的自我掌控权，孩子就能体会到他在这个家里的归宿感和价值感。

第三，孩子希望自己在家里被认可。当一个人觉得自己重要的时候，他就会产生出很多勇气和能力。在现在常见的二胎家庭中，有了二宝以后家长就把重心放在了老二身上，而忽略了老大，那么老大的内心就会产生强烈波动，他会觉得自己不重要，所以就会发脾气、跟父母对着干。其实这是孩子觉得自己不被认可、不重要时，他内心的无力感导致的愤怒，想用反击、报复的方式来证明父母的不公正、不公平，也是孩子渴望得到认可的心理动向。如果这个时候父母能够赋予孩子一些职责，让孩子帮忙，孩子会觉得自己重要。比如，当妈妈照顾二宝的时候，大宝来缠，就要试着让大宝给二宝擦口水，帮妈妈一起给二宝换尿布，妈妈在照顾二宝的同时也不要忘记把更多的爱给大宝。再如，在妈妈做家务的时候遇到孩子来纠缠，不妨让孩子参与家务，一起择菜，一起做饭。这个时候孩子会马上变得乖巧可爱。因为孩子觉得被认真对待，被重视，然后他内在的归宿感和价值感就会油然而升。

第四，给孩子足够的自信与力量。父母在家里最常犯的错误就是给孩子贴负面标签。比如孩子晚写一会儿作业被贴上“懒”的标签，考试没达到理想分数被贴上“笨”的标签，孩子偶尔淘气要赖被贴上“坏”的标签，这些标签会慢慢让孩子缺失自信。父母要帮助孩子获得自信与力量，应避免给孩子贴诸如不听话、自私等标签，要努力寻找孩子的优点（比如看到孩子画画儿好，擅长交朋友，勤劳爱干家务等）。

当父母能够从以上四个方面努力改进和提升，给予孩子认可、自信以及力量时，孩子就会在家里找到归宿感和价值感，那么这种感觉会让孩子产生幸福和快乐的感觉，并且影响孩子的一生。

8. 哪方面有优势就培养哪方面

培养孩子，是父母的义务。每个家庭对孩子的培养方式可能不尽相同，但大多数父母都希望能培养一个出色的孩子。怎样才能培养出色的孩子呢？家长们需要着重哪些方面的培养呢？

最好的培养方式应该是强化优势，弱化短板，孩子在哪方面有天赋就在哪方面培养。教育家陶行知先生说过，“教育人就和种花木一样，首先要认识花木的特点，区别不同的情况给予施肥、浇水和培养教育”。每个孩子都有自身独特性，家长应根据孩子的个性和差异提供合适的教育。

每个孩子都有不同的优势，有的体现在能力方面，有的体现在性格方面。能力优势如乐感好，跳舞唱歌很有天赋；性格优势如能说会道，善良坚强，热情，好奇心重等。

要了解孩子拥有什么优势，平时需要关注孩子做的哪些事具有“擅长做”“经常做”“充满激情”这三个要素。假如一个孩子拿起画笔并不享受画画儿的乐趣，而是觉得很烦，为了完成一幅作品闷闷不乐，尽管最后画出来的画儿还不错，但我们不能确定说这是孩子的优势，因为他并未对画画儿这件事“充满激情与动力”。如果孩子真正拥有某种优势，做擅长的事会让他充满激情，他会愿意经常练习，练习让他表现优异，优异的表现又让他更加充满激情……

当了解了孩子的优势以后，就要为了培养这些优势而为孩子创造环境和条件。

有一个孩子天生喜欢吃，十岁左右已经能够自己动手做自己喜欢吃的东西了，学习成绩一直是班级中等偏下，父母并没有在成绩上过分要求孩子。因为孩子爱好美食，父母倒是尽量满足孩子提出来的各种要求，比如买什么食材、需要什么美食教程和资料等。孩子高考落榜以后，父母把他送到了一家很知名的烹饪学校学习美食烹饪技术。学完以后，父母又投资，帮他开了一个小餐馆。白天他当厨师研究菜品，晚上还要直播自己的美食技巧，因为做的美食精致诱人，平时食客很多，直播收获的粉丝也很多，很快就在城市立住了脚，并且凭自己的美食技能赚到了人生的第一桶金。

所以，父母不要把所有的目标都定在孩子不擅长的地方，要多花心思在孩子具备优势的地方，不断强化这种优势并创造条件让孩子的优势发展和完善，对于孩子来说就是一条最正确的路。

第四章

成人与成功——最好的起跑线是教养

1．教养看不见，却是通行证

为人父母者，无不希望孩子健康快乐，也都希望自己的孩子长大后能够有所成就。而大多成功的人之所以能够取得成功，在很大程度上取决于他们身上所具备的一些优秀品格。所以，不夸张地说，对孩子从小进行优良品质的教育，对其今后的健康成长是非常必要的。

老话儿常说，“给孩子留下金山银山不如把他变成自己的靠山”，这说明，让孩子拥有优良的品格才是最大的财富。而一个人的优良品格彰显的就是一个人的教养，虽然看不见，却是在这个社会的通行证。

网上有个新闻报道，说一个小学生着急上学，在路上骑自行车不小心刮了一辆车，由于急于上学怕迟到，就留下了写有电话号码的便签。车主看到后表示很感动，最后决定索赔一元钱。在这个故事中无论是没有逃避责任的小学生还是以德报德的车主，都向人们诠释了什么是“教养”。

有不少家长把养育孩子的重心放在了孩子是否能成才，是否能考高分、进好学校，对于孩子如何成人，如何成为一个有教养的人反而不重视，认为孩子走上社会自然就会了。

其实，这种认为是错误的。一个人的品格和修养不是一朝一夕能修成的，父母要在生活细节上加以引导并为孩子做出榜样示范，让孩子成为一个有教养的人，同时家长也要明白：

孩子的品德比考高分更重要；

孩子有同情心比智商高重要；

孩子诚实比耍小聪明重要；

孩子知道公平比处处赢重要。

有教养的孩子也许考不了高分，也许不会耍小聪明，但他却能有一种强大的气场，吸引更优秀的人。

在我们的生活中，经常看到没有教养的家长教育出同样缺乏教养的孩子。比如，公共场合大喊大叫、打扰别人的人，损坏公物、抢占座位的人，乱扔垃圾、给别人添麻烦的人。这样的孩子就让人觉得他们十分顽劣，像是未经教化的原始人一样，不懂公共道德，对孩子以后的成长极为不利。

一个孩子的行为，就是家庭的一面镜子。种下什么样的因，就会结什么样的果，孩子身上藏着父母最真实的品行。有教养的孩子，父母都相当有原则。那么父母究竟要给孩子什么样的教养呢？

我认为真正给予一个孩子的教养，就是让孩子“心里有他人”，发自内心地不给别人添麻烦。

中国台湾著名管理学大师余世维讲过一件事，他每次住宾馆退房时都尽量把房间还原成刚刚进来时的样子，他说这样的目的就是想让打扫房间的人觉得，“嗯，刚刚那位客人一定是一个有教养的人”。

所以，我们要给孩子的心田播种美好，这个美好就是能让他受用一生的教养。

家长要当榜样，起到良好的示范带动作用，言谈举止也要让孩子认识到父母具有美好的品质，影响一个人远比教育一个人更重要，也更长远。

2. 德行带孩子领略生命的喜悦

道德是做人的底线，德之不存，何以为人？家庭是道德教育的主要场所，虽然学校老师也会对孩子进行道德教育，但道德是被感染而不是被教导的。课堂上的说教远远不及家庭教育中父母的榜样作用大。所以，父母在家庭道德教育中所起的作用更是不可忽视的。

孩子接触到的第一重道德规范教育来自父母，来自家庭。有位儿童教育家说过："只有从孩子还在摇篮之中时开始陶冶，才有希望在孩子心灵中播下道德的种子。"品德是良好气质的灵魂，孩子具有同情、关心他人的品质时，才会在公共汽车上把座位让给老人，从而表现出谦谦有礼、尊敬老人的气质。同样，孩子只有表现出合群、合作等良好的品德时，他才不会表现出性格孤僻、我行我素等不良气质。所以，家长在日常生活中应以身作则，言传身教，培养孩子的道德情感，训练孩子的道德行为，使孩子成为一个品行高尚的人，这样孩子自然就会具备良好的气质。

教育家陶行知先生说:“道德是做人的根本，没有道德的人，学问和本领愈大，就能为非作歹愈大。”

孩子原本就是一张洁白的纸，而父母的言传身教和生活环境则都会在这张纸上留下痕迹，最终影响一个人的品行，使他日后成为善人或恶人。

大量的事实也证明，一个人品行的好与坏，决定着他在人生道路上的成与败。有这样一个故事：一个大学毕业生，他很有实力，很顺利地进入一家大公司工作，令多少个大学生啧啧称羡，望尘莫及。他对工作兢兢业业，按时打卡上下班，从未迟到早退过。在老板和同事的眼里，他是一个优秀的员工。但是有几次，有人发现他从洗手间出来之后，洗手间里的纸巾不见了。当老板得知这个情况之后，就毫不犹豫地把他辞退了，原因很简单，就是因为他的品行有问题。古人教导我们“有余力，则学文”，说明学会做人在先，学习知识和提升学问在后。所以我们更应看重孩子的品德教育，而不是把文化成绩排在第一位。那如何才能把孩子培养成品德高尚的人呢?

首先，强化孩子的好品行。

孩子的行为需要规范也需要指引，在孩子表现出符合道德情境规范的行为时，父母可以更多地赞扬孩子美好的内在品质，比如当孩子帮助了别人，家长要及时夸奖孩子“你真是个乐于助人的好孩子”；又如孩子在家里帮助父母做家务，要及时肯定孩子“你真是个有眼力见儿，又勤快的孩子”。这样做有利于孩子将这些道德品质内化为自我认同的一部分；而当孩子表现出不合乎道德规范的行为时，父母则需要更加谨慎地对待，尽量将责任归因于行为过程而不是孩子本身。比如，在公共汽车上，孩子大声叫喊打扰了别人，父母可以告诉孩子："宝贝，在公共场合大喊大叫不太礼貌，别人会不开心。"我们希望传递给孩子的信息是，产生的问题主要来源于不恰当的行为，而具体的行为是容易改变和纠正的。

其次，让孩子感到犯错带来的罪恶感，而不是羞耻感。

研究发现，人们在做出不道德行为的时候，都会或多或少地产生罪恶感和羞耻感。如果孩子认为做了一件错事是有罪恶感的，他的内心会认为"我做了不该做的事"，而羞耻感则会让孩子感觉自己"我是一个坏人"。因此，当孩子做出不应当的事之后，父母应当避免让孩子产生羞耻的道德情绪，而是强调为什么这件事是不该做的，它们产生了什么不良后果。比如孩子偷偷拿了超市的一个东西，父母切忌马上把"小偷"的帽子给孩子安上，而是要跟孩子说，这样的行为会给超市带来损失，假如人人都不付钱就拿走货物，超市很快就要倒闭。

最后，培养孩子的道德规范从父母自身做起。

如果希望孩子变成什么样子，就按照那个样子要求自己；如果不希望孩子变成某个样子，父母就不要做出那个样子。父母的身教永远大过言传，教育孩子一百遍不如亲自示范给孩子一遍来得有效果。

3. 生活礼仪与优雅气质

中华民族素来被称为礼仪之邦，具备深厚的礼仪规范根基。礼，既是反映道德观念和风俗习惯的仪式和礼节，也包括符合社会整体利益的行为准则。礼仪是人们在社会交往活动中，在仪容仪表、言谈举止等方面约定俗成的行为规范。一个人有没有礼仪，成为野蛮与文明的分水岭，在古人看来，有礼的人即是有德的人。

孔子提出“兴于诗，立于礼，成于乐”“志于道，据于德，依于仁，游于艺”等思想，在诗、乐、礼的基础上人们变成有德之人。而一个有德有礼的人，自身就有一种优雅的气质，让人看了觉得是文明的人、舒服的人、有修养且有道德的人。

我们读古书，如《老子》《论语》《中庸》《孟子》，基本上都是在谈人的定位，很少是技术、知识上的东西。表现在日常生活中，就是能够尊重别人也能尊重自己，不做违背人类共同利益的事，也不做不遵守规则的事，从点滴行为中塑造中华民族的大国形象。荀子曾说：

“人无礼则不生，事无礼则不成，国无礼则不宁。”其意义在于：人不守礼就没法生存，做事没有礼就不能成功，国家没有礼则不安宁。

其实我们每一个人都遇到过不守礼的人，而这样的人通常游手好闲，没工作，没朋友。如果我们做不到有礼有节，轻则在自己的国家会成为没有品位、没有能力的人，重则出国以后会让其他国家的人看不起。

所以，在生活中要培养孩子的生活礼仪，让孩子成为一个优雅有气质的人。

具体从哪些方面来培养孩子的礼仪和优雅气质呢？

首先，教会孩子说话柔和。一个人有三张“脸”，第一张是五官，第二张是声音，第三张是写出来的字。第一张爸妈基因决定优劣，后天无法有大的改动。而第二张却是能够让孩子学会自我掌控的，一个人声音越柔和，内在越强大。父母平时在家不要出口伤人，更不能咄咄逼人，即使有理也要把声音放和缓去沟通，这样就教会孩子什么是有理有节，而不是有理就声高。教给孩子小声说话就是教会孩子处理情绪。父母先从自己开始，降低音量，不带情绪，然后感染孩子，使其成为一个说话优雅的人。

其次，教会孩子用餐的礼仪。一个人一生中会有很多时间用在吃饭上，而且吃饭是人的头等大事。吃饭的时候要尊重长辈，要有感恩之心，要知道食物来之不易，不应铺张浪费。用餐的时候要知道“食不言”的道理，不要把菜盘子当成自己的衣柜一样乱翻，吃离自己最近的菜，夹菜的时候尽量夹靠近自己的一侧。还有很多餐桌上的细节，父母要做有心人，给孩子起榜样和带头作用，让孩子在用餐的时候表现出优雅和高贵。

最后，生活中帮助孩子养成爱干净的习惯。干净整洁是对自身仪容仪表的要求，也是礼的重要内容。《弟子规》中对衣服有规定，“置冠服，有定位，勿乱顿，致污秽”；穿戴也有讲究，“冠必正，纽必结，袜与履，俱紧切”。生活中无论是华贵的衣服还是普通的衣服，都要做到干净整齐，不要让孩子以脏兮兮的状态示人。犹太人对他们的孩子说过“如果有一天，上帝真的就给你只剩下两碗水的时候，一碗要留着自己喝，另一碗则是用来洗干净你的脸和你的内衣”，可见在犹太人心中干净对一个人有多么重要的作用。从小告诉孩子衣服穿着得体大方的重要性，让孩子先做一个干净的人。不顶着油腻的头发见人，不伸出黑黑的指甲接物，不要当众挖鼻孔、掏耳朵，这些就是“净”，也是礼，更是美。

时代在发展，礼仪也要发展，生活的礼仪教育离不开家庭生活的方方面面，从而让我们的孩子从小习得礼、传承礼，让我们的“礼仪之邦”始终屹立在世界民族之林。

4. 诚信让孩子受用一生

关于诚信，广为流传的成语有“一言既出，驷马难追”“一诺值千金”等，这样的佳话既然能从古流传至今，可见，诚信是我们中华民族的传统美德，是企业的生存之本，也同样是一个人的“立身之本”。

鲁迅说：诚信为人立世之本。对成人如此，对孩子也是一样，如果一旦失信于孩子，你的教育就会成了一句空话，无异于丢了西瓜捡芝麻，得不偿失。相信下面这些话语，大家可能并不陌生：

宝宝乖乖听话，下次妈妈就带你去买玩具；

你先好好吃饭，吃完饭就带你去游乐场玩儿；

下次只要考到班上前三名，你想要什么就给你买；

这次有事耽误了，下次家长会爸爸妈妈一定参加；

……

这些言论就是给孩子树立错误的榜样，不诚信的样子孩子也会学到。而一个讲诚信的父母，无疑就是用自己给孩子当榜样，告诉孩子，诚信是一个人终身受用的好习惯。

英国教育学家斯宾塞说“野蛮产生野蛮、仁爱产生仁爱”。中国也有俗话叫作“龙生龙，凤生凤，老鼠生的孩子会打洞”，这些都说明了家长对孩子言传身教、潜移默化的作用。一个人是否具有诚信的品质，取决于儿童时期的家庭教育，关键是家长的言传身教和家长的榜样作用。

犹太教育学家巴维说过：“培养一个人格完善的人比培养一个高才生更重要。”言出必行也是犹太人培养子女的一种教育理念。答应别人的事就要做到，哪怕面对的是孩子。

家长不要轻易给孩子许诺，如果有承诺就一定要兑现，要讲究一诺千金、言而有信。否则，你在孩子心目中的形象会一落千丈。如果实在因为自己说大话，或因为工作、时间、经济问题而无法对孩子兑现承诺时，家长也要及时诚恳地跟孩子道歉，并讲明原因，期望得到孩子的原谅。千万不要承诺了做不到还理直气壮，甚至还对孩子打骂以此让他们屈服顺从。

培养孩子的诚信意识，家长说到做到的习惯一定要有。我们常说，任何一件事，自己做不到又怎能要求别人做到呢？教育更是这个道理，要想孩子做到，家长首先就要做好！

如果孩子从小知道了诚信的力量，那么等他走上社会时，他会由于诚信而让自己更加受人尊重。父母在家要从小处入手，让孩子感受到诚信的重要，给孩子树立诚信意识。

平时父母在家要有意识地引导孩子学会“说到做到”，事实上，也就是告诉孩子，诺不可轻许，只要说出来的事情，就一定要完成，否则就不说。

对孩子的诚信行为家长要及时鼓励和赞许。孩子和成人一样，喜欢被鼓励，当孩子表现出诚信的时候，父母一定要积极肯定，让孩子有成就感，下次就会做得更好。

诚信，不仅仅是一个习惯，更是一种财富和力量，如果孩子从小学会，将一生受益。

5. 坚韧、自律是盾牌和铠甲

自律的人往往内心很强大，而且自律也是通往成功的最佳手段，一个人能够自我约束，真正做到自律，就没有什么事能够难倒他。

自律是一个人最重要的品质之一，是克制人的劣根性最有效的办法。自律体现在我们日常生活中的方方面面，比如，上公交车要排队；开车要遵守交通规则；不违反社会约定俗成的规定；定下的目标能不用别人督促而坚持下去；不会为了利益做损人利己之事等。这些都离不开自律，自律的人最自由。我们的孩子，处在从家庭迈进社会的过渡时期，更是有数不清的纪律和规则来要求他们，告诉他们该怎么做不该怎么做。而在我看来，规则是别人定的，而自律是自己给自己定的。一个时时处处做到自律的人，内心就强大，而且也不会做出逾矩的行为。自律能力来自责任感，一个人有多自律，就能扛多大的事。

村上春树说："当自律变成一种本能的习惯，你就会享受到它的快乐。”当一个人具备了自律的时候，就会把精力与时间通过自律而用于积极有益的事情之上。

比如学习，当孩子想偷懒的时候，自律会马上让他打消这样的念头，投入到学习中去，这样做了，就不会再因为没有得到充分的学习而在遇到事情的时候因为知识不足而尴尬。就像冬季的早晨，当孩子想再躺一会儿的时候，自律却让他掀开被子，爬出温暖的被窝儿，那么他就不会因为匆忙迟到而后悔；相反，他会因为时间充足而显得轻松愉快。自律也是一种高尚的品格。不被允许做的事情不能做。比如，红灯亮时能不闯；无监控的超市，能正常付款而不惦记着偷拿；无人售票的情况下，能照章投币，而不会逃票。这些都是自律起的作用。

没有自律原则作为后盾的管教，不会起到任何积极作用。相反，父母若能自律，无须管教，孩子自然学会自律。

孩子学习的最佳方式是照着榜样去学习，而不是通过说教。因此，教会孩子自律，需要父母也自律。

有一个孩子学习特别好，从来不用父母操心，考试成绩总是全省第一。记者采访他的时候，他说是父亲给了他榜样参照。49 岁的父亲用 8 个月的时间通过了天下第一难考的司法考试，每天雷打不动地学习 5 小时，一天也不曾间断。父亲的坚持与自律让孩子明白了什么是付出才有回报，所以自己的学习从来不用父母管，学习好，考试当然也不在话下。

自律的人自带光环，如果父母是自律的人就会给孩子形成强大的榜样力量，不用说太多的话，却能带给孩子启示，让孩子学得更好。孩子拥有越强的自律能力，他日后的人生便会越幸福和健康。

彭于晏说:“优秀的人不一定都是自律的，但自律的人一定很优秀。”自律的人无论走到哪里，身上都散发着光芒，令身边人心生敬仰。愿我们的孩子都能自我约束，自我管理，成为一个更加优秀的人。

6．培养孩子爱与幸福的能力

很多父母时常有这样的困惑：为什么感觉孩子越长大越没良心了呢？跟父母的感情很淡漠，家庭聚会也很少参加，只愿意自己窝在家里，不太爱与人沟通。想想看，其本质是不是孩子缺少了爱的表现呢？爱是一种能力，我们家长是否培养了孩子这种能力呢？一个能够去爱自己、爱家人、爱国家的孩子，其内心一定是充实的。这种爱从哪里来？来自家庭的培养和教育。

让孩子拥有感知爱的能力，其实就是在教给孩子幸福的能力。那么，如何让孩子拥有感知爱的能力呢？如果父母不吝惜地向孩子表达爱，孩子能感受得到，内心会得到温暖和浸润，并且也会模仿父母，逐渐学会如何表达爱。我们给予孩子的爱就是心理营养，从某种程度上说，心理营养比生理营养对孩子的成长更为重要。

对于孩子，我们不但要让他们处在一个被爱的环境里，更重要的是要让他们学会如何去爱别人。只有在“爱”与“被爱”的双重环境下，孩子才可能健康地成长起来。

平时在家庭教育中，父母要如何做，孩子才能感受到爱，从而学会爱呢？

首先，尽最大可能陪伴孩子，不把孩子留给老人或交给保姆。如果父母在孩子成长阶段的早期缺席，不但无法让孩子感知爱，还会让孩子内心生出一种不安全感，觉得自己不够可爱，父母才会离开自己。更不能过早地把孩子送往幼托机构，什么五托中心、三托中心，把孩子直接放在那儿，你省事，这对孩子来讲却是摧残，迟早有一天你需要加倍偿还你欠他的爱。

其次，父母要拥有爱的能力。很多父母本身不具备爱的能力，对生活没有热情，易烦躁，情绪差，喜欢抱怨人生、抱怨命运。那么孩子这个小雷达接收到的也是这样的状态，孩子眼中看不到父母拥有幸福的那种状态，孩子又如何能够幸福呢？父母要有乐天派的精神，人生不如意之事十之八九，笑对自己的生活，活出快乐和幸福才能带给孩子精神富足。

最后，关爱长辈。父母爱自己的长辈，孩子会看在眼里。就像很早央视的一条广告，媳妇为婆婆打来了洗脚水帮婆婆洗脚，躲在门后的孩子看到了，也为妈妈端来了洗脚水。爱是一种上行下效，父母孝顺长辈、爱长辈，就会教给孩子如何爱别人。给孩子爱自己和为自己付出的机会，端茶倒水、擦手、洗脚，甚至大一点儿了为自己洗衣服，一定要给他机会，让他的爱长出羽毛，变得丰满。

爱不是一时喜好，更不是随心所欲，爱是一个严密的逻辑体系。第一，爱是自重，是自律，是爱自己，是洁身自好。第二，爱是尊重，尊重父母，尊重师长，尊重朋友，尊重身边的人，尊重所有的人。第三，爱是责任，是担当，是对所爱的人和爱他的人负责，是对从事的学习和工作负责，甚至是对整个社会负责。爱是自我约束与利他，从爱自己开始，爱家人，爱朋友，爱身边的人，以小爱为起点，自然而然延伸到大爱。

一个孩子具备了爱的能力，他的内心就会形成一种坚定的价值观和信念，不做恶事，不喜欢不义，那么对于他的久远人生来说，才是真正的财富。

7. 美育越早越好

我们很多人都非常重视孩子的智力发展，重视考试成绩以及考上什么样的学校，而很少有人关心孩子是不是一个具备高级审美能力的人，孩子是不是懂得什么是美。所以，对于孩子美育的教育越早越好。

马云说，未来的孩子如果不懂艺术、不懂美，将没有工作可做。这绝对不是危言耸听。

美国国家教育科学院曾对5万多名毕业生做过调查，针对毕业不同年限的学生进行对比，调查的问题是“什么知识最有用”，结果让人颇感意外！

毕业1—5年的学生答案是“基本技能”；

毕业6—10年的回答是“基本原理”；

毕业11—15年的结论是“人际关系”；

而毕业16年以上的则提出：艺术最有用。

虽然这个调查不能代表全部，但却是个重要的风向标。能够保持长久的竞争力是艺术，也就是美或美的教育带来的。美学家蒋勋说："一个人审美水平的高低，决定了他的竞争力水平。给孩子最好的礼物，就是培养他的审美力。"

这是时代的需求。

未来15年，人类50%的工作将会被人工智能所取代。将来的孩子如果还是继续以前的模式，注重成绩、考大学然后找工作，基础的知识和技能肯定会被人工智能代替。所以，好的教育一定是培养面向未来的学生和面向未来的学习。人工智能将颠覆很多行业和领域，如果你还认为孩子未来最差也可以当一位司机、服务员、快递员，或者做一个银行柜员、数据统计员的话，孩子很可能真的如马云所言的那样会没有饭吃。

可喜的是，有些工作短期内是无法被人工智能取代的，比如心理咨询师、情感专家、作家、艺术家、灵修导师等，因为这些工作是基于情感的工作。这也是人工智能的软肋，再强大的人工智能机器人也还不具备独立的情感。

所以，我们要培养孩子对美的感知力，对美的审判力，甚至要培养孩子对美的创造力，不要担心孩子是否会输在知识的起跑线上，而是不要让孩子输在"美商"的跑道上。

无论是家长还是老师，无论是社会还是学校，都应该把"美育"当成一个重要的事情去倡导和进行。

想要说清楚美育，我们首先要知道“美”是什么。

美是艺术，是绘画、音乐、诗歌、戏剧、雕塑、服饰……

美是自然，是大漠孤烟直的苍茫，是月缺月圆时的想象，是山林曦照，是云卷云舒，是草长莺飞，是大雁南飞，是小桥流水，是大江奔腾……

美是状态，是采菊东篱下的南山闲适，是仰望一片天空一只飞鸟的从容，是静品茶香，是挥毫泼墨，是安享当下……

美是思想，是悲天悯人的情怀，是尊重所有生命的良善，是不做人云亦云的真诚，是敢作敢为的担当……

美，可以包括所有无形与有形的事物，也包括不同的感知和感受，每个事物美的层次分明，每个人的理解各有不同，每个人感受到的美也不一样。

我们在天地自然中度过自己的人生，但并非所有人都能感受到身边的美、自然的美、人生的美，不是所有人都能看到天空的云朵飘移，感知到大自然的四季美好，体察到先贤的贫贱不移和英雄的威武不屈。因为，美的感受力不是天生的，接受过美的教育之人会提升自己的审美能力；反之，没有经过美育培养的人则不然，随着生命的不断发展会渐渐关闭“审美”的能力。

所以，敏锐的审美耳目、充沛的审美情感和健康的审美心灵，需要培养和陶冶，而培养和陶冶的过程，即为美育。

当智商和情商流行了以后，现在我们可以这样说，孩子在拥有智商和情商的基础上，还要有“美商”。美商全称是“美丽商数”，简称 BQ，主要是指一个人对美学和美感的理解和感知力，包括对声音、仪态、礼节等一切涉及个人外在形象的因素的控制能力。智商可能让人学得快、走得急，情商也可能让人会交际、得人脉，但没有美商却很难看得高、走得远。

不夸张地说，拥有了美商的人，无疑拥有了一把优先胜出的钥匙。也可以说，具备了美商的人同时也就具备了情商和智商，或者说美商能够促进智商和情商的发展。

爱因斯坦自小就酷爱音乐，他六岁练习小提琴，不管走到哪里，总是身不离琴。在创建广义相对论的日子里，他一遇困难，思索陷入困顿时，就不由自主地拿起琴弓。音乐往往催化出爱因斯坦的科学创见和思维火花。在音乐的自由流淌中，深奥的理论物理学有了美妙的旋律。可见是美好的音乐促进了他对物理理论的分析与思索。

建筑学家梁思成酷爱中国古典文学，地质学家李四光学过作曲，数学家苏步青、华罗庚、谷超豪均爱古典诗词，多有诗集问世。中国近代地理学和气象学的奠基人、卓越的教育家竺可桢是位文史大家，不仅西学渊博，国学功底也极深厚，对经、史、子、集及诗词、笔记、方志等旁征博引，用于科学研究，成果丰硕。

如果从小只在意孩子的智商和知识能力，而忽略了美商的培养，那么无疑是舍弃了一条最正确的路，而选择了一条比较普通又收效甚微的路。因为，一个人只拥有知识而没有美学涵养，有可能会利用知识做出违背人伦和道德的事。

如果一个人从小学会了把自己打扮得干干净净是美，不给别人添麻烦是美，坚韧与自律是美，居住整洁是美，这种美会与长大以后的生活品质乃至人生格局相关，那么等到步入社会以后，不管是职场还是交友、择偶、生活等，都会比其他人更有优势。

据不完全统计，有90%的美商拥有者，能够获得令人羡慕的收入和社会地位。美商和精英总是如影随形，拥有美商的人更容易成为精英，精英中的绝大部分也都拥有着高超的美商。

钱学森虽然学的是理科，但他父亲同时送他去学绘画和音乐，把科学和艺术结合起来，能开拓创新思维，对从事科学工作很重要。钱老不仅是科学大师，在音乐、绘画、摄影等方面都有较深的造诣。

美商是一种一旦拥有就不会失去的能力，从小培养便会伴随一生。美商与贫富无关，它能建立在金碧辉煌的大厦里，也可以穿过乡野河畔，走入平凡的农家小屋；美商与一个人受到的爱与尊重有关，父母对于孩子的培养和期望，只限于加减乘除，关注的焦点只放在作业和分数的话，对于诗词歌赋、琴棋书画、行走坐卧方面的美学不加以重视，那么孩子将来可能智商很高，但很难成为美商很高的人。美商不但让孩子学会与周围的世界和善相处，在待人接物等情感品性上也会胜人一筹。美商是一个人对外在美的把控能力，不是美的堆砌，而是美的均衡搭配。美商也是在情商和智商的基础上，使一个人趋于完美，个人能力也更加完善。

不是每个儿童都将会成为艺术家，但是每个孩子都需要艺术的滋养、美的熏陶，体验种种丰富、奇妙、难以言说的美妙感觉，最终获得身心的舒展和心灵的美好，成为一个品德高尚的人。

8. 诚实教育：不逼孩子撒谎

如何避免孩子撒谎，是亲子教育中非常重要的一项。

说谎是许多人不太喜欢甚至痛恨的行为，因此许多家长认为，孩子说谎是一件非常不好的事情。和成年人的谎言不同，小孩子的谎言，是他们成长过程中的必经阶段，也是其获得心智能力的标志。许多研究发现，越早学会撒谎的孩子，越会拥有更加成熟的智力和情商。不过，父母要能分辨孩子是否撒谎，也要知道面对撒谎怎么办才行。当父母真正明白了撒谎的深层原因，才能更好地对孩子进行帮助和引导，让孩子学会诚实，这才能起到真正的教育作用。

孩子撒谎，一般有两个原因，一是孩子模仿大人的习惯和说话方式，二是生活环境给孩子造成的巨大心理压力。

先看第一种情况，模仿大人的习惯。很多时候家长在与孩子的生活互动中不经意就向孩子传达了错误的方式。比如，答应孩子的要求没有兑现，也没有向孩子解释原因。比如，为了让孩子做事情，用哄骗的方式。比如，大人不想让邻居或其他亲戚朋友来家里做客，谎称家里有事，事实上根本没事儿。孩子看到家长这样做就明白了原来可以骗人。在我们的生活中，从来没有一个大人会“教”孩子说谎，但是无形中自己的行为和方式就会影响到孩子，孩子会觉得这样做是对的。另外，如果家长经常对别人说谎话，时不时地给孩子耳濡目染，孩子就会慢慢学着和家长一样说谎话。所以，如果发现孩子有撒谎的倾向，家长要反省一下自己平时的言行，是不是无意地做了影响孩子的事，或者说了谎话让孩子去模仿。家长是孩子的榜样，想让孩子成为什么样子，自己就要先成为那个样子。

第二种情况，撒谎的孩子往往有“压力”。什么情况下孩子不需要撒谎？就是犯了错不怕受到惩罚的时候不需要撒谎。所有撒谎的孩子，往往是为了用谎言逃避责任。如果家长对孩子过于严格和苛刻，对孩子的任何错都不放过，并且一旦犯错就要狠狠批评和指责，完全不站在孩子的立场上理解和支持孩子，那么孩子很容易撒谎。比如，一些家长对孩子的分数过分在意，考了 70 分要挨打，80 分要挨骂，90 分要挨说，这样容易让孩子内心产生巨大的压力，为了避免被打、被骂、被说，只好提前说一些谎话或者将分数修改，总之，都是为了顺利过关，逃避家长的指责和惩罚。

这两种情况构成了大部分孩子撒谎的原因，实际上追到根源的话，还是家长的问题。第一种情况是家长没有树立好榜样，第二种情况是家长给孩子造成了一定的压力。所以，家长在对待孩子撒谎的问题上，一定要理解和体谅孩子为什么要说谎，不能孤立地看待一件事情，只是觉得孩子说谎就是错，而是要理解孩子这样做的背后原因，厘清事情的来龙去脉，找到孩子犯错的症结所在，并且从症结入手，才能从根本上解决孩子说谎的问题，因为孩子天性善良，如果没有诱因，孩子一定不会说谎。

那么，平时家长要如何引导和纠正孩子的这种撒谎行为呢？

第一，家长以身作则，真诚待人接物，不说瞎话，不哄骗孩子，守信用，讲诚信。与人打交道有困难或不便，需要说一些善意的谎言的时候，需要跟孩子解释清楚。不要让孩子觉得大人可以骗孩子，那样孩子会有样学样。

第二，尽量做到民主，给孩子申辩的机会。孩子在成长的过程中难免犯错，每一次错误都是宝贵的学习机会。如果孩子的错误每次都被原谅，然后父母再和孩子一起分析错误原因，避免下次再发生，那么孩子收获到的是父母对自己的理解，而不是苛责，那样即使以后犯错误，孩子也会坦然地说出来，而不用逃避或撒谎。

第三，告诉孩子撒谎的危害。从小我们都听过“狼来了”的故事，谎话说得多了，即使再说的是真话也没有人相信，失去了被别人信任的机会，这是非常可怕的事情。一个人诚信和讲真话是非常宝贵的资源，可以交到朋友，也可以赢得尊重。如果一个人撒一个谎，后面需要再撒更多的谎来圆第一个谎，最后就没有人再相信他说的话了。当孩子知道了这些危害，才会把说谎当成一件非常严肃的事去对待，不再轻易撒谎。

第四，不要把撒谎当成洪水猛兽。孩子撒谎的事情，父母要用更进步的眼光来看待。首先说明这样的孩子心智是正常的，他们知道趋利避害，能够做让自己有利的事情，说明孩子不傻。另外，如果发现孩子撒谎，不要马上拆穿，更不要当着别人的面说破，要给孩子留面子。如果没有其他人在场的情况下，要用幽默的方式来逗孩子，让他知道父母已经知道自己在撒谎而没有拆穿，孩子会感激父母的善良，慢慢也会收敛自己撒谎的行为。

第五，撒谎这个行为有根源，比解释撒谎问题更重要的问题是要搞清楚孩子为什么撒谎。治标往往收益甚微，治本才是关键。

第五章

实力与能力——面向未来的自信心

1. 游戏力：边游戏边成长

提到游戏，大部分家长认为是孩子坚决不能碰的东西。的确，很多新闻报道有孩子因为游戏成瘾而无法自拔，不是私自花钱买游戏装备，就是因为游戏耽误了学习。为什么我们提倡孩子需要一种游戏力呢？因为这是一个不断发展与进步的时代，孩子处在电子产品泛滥的时代，不可能与游戏完全隔绝，父母也没有更好的办法完全让孩子不受游戏诱惑。所以，才应该让孩子边游戏边成长。具备游戏力的孩子，往往不会陷入游戏中，能够很好地控制游戏与正常学习生活的节奏，会玩儿的孩子创造力和思辨力往往更强。据相关专家和权威部门调查发现，一个孩子十岁之前所有的认知都从“玩耍”中得来。

孩子之所以喜欢游戏（其实不限于孩子，很多成人也喜欢游戏），是因为游戏有不断的互动性和目标满足感。比如现在各大 App 的运行模式，都具备游戏的特征，才让消费者上瘾。

在认知上，玩儿游戏能够起到寓教于乐的效果；在情绪上，能够让人放松，缓解压力和焦虑；在社交上，游戏还为孩子提供了交友的途径和可供聊天的话题。

所以，用游戏促进孩子成长，让孩子拥有游戏的能力不是一个伪命题，而是家长必须重视和学习的东西。不是“能不能让孩子玩游戏”的问题，而是“如何让孩子玩游戏”的问题。

家长如何有效帮助和指导孩子玩游戏，从而让家庭不再谈“游戏”色变，而且还能让孩子掌握正确的游戏力呢？

第一，家长要对游戏有正确的认知，不要把游戏当成洪水猛兽，而是要去研究游戏为什么会让孩子上瘾，孩子究竟在玩儿哪一类游戏。孩子不能总处于学习的紧绷状态，需要放松。游戏就像孩子的户外运动和看课外书一样，父母之所以认为户外运动和看课外书有益，是因为认可这样的活动，同时父母也了解其中的利弊。游戏也是同样的道理，如果父母能够了解游戏是什么，孩子在玩儿游戏的过程中有哪些利弊，就会做到知己知彼，然后和孩子定一个玩儿游戏的时间，尊重孩子，这样孩子一定不会再偷着玩儿、抢着玩儿、跟父母对着干。人都一样，只要被尊重，就会产生强大的自律。一个人的自律水平来自他的自尊水平。

第二，帮助孩子提升自我管理能力。很多时候家长害怕孩子游戏成瘾，不是不让玩儿，而是孩子一玩儿就放不下。而放不下的背后原因是父母总“强制”和“约束”，甚至有的父母只要孩子拿起游戏机就马上严厉呵斥，或者藏起充电器、拔网线。这种做法都是一种内耗，而不会起到实质的作用。这样的结果是父母越压制，孩子越想玩儿。如果父母能够和孩子开诚布公地谈一下游戏过量对身体的危害，并且实施民主制度，允许每天给予一定的时间让孩子来自由玩耍，往往孩子会变得很“讲理”，也不会出现彼此伤害的状况。慢慢地，孩子就能从每天固定玩儿游戏时间发展成高度的自我管理水平。既有了放松的时间，又不伤及亲子关系，这是双赢的状态。

第三，给孩子树立正面的榜样。不可否认，大部分家长虽然不玩儿游戏，但依然抵挡不住手机的诱惑，每天抱着手机，不是刷抖音就是看快手。如果孩子跟你说话，你心不在焉，还往手机上瞟，这就给孩子树立了一个“放不下电子产品”的负面形象。这样一来，父母对孩子就失去了发言权，自己都做不到凭什么要求孩子做到？所以，父母尽量少在孩子面前玩儿手机，要经常和孩子谈电子产品是工具，而不是玩具。让孩子认清电子产品是辅助自己更轻松生活的工具，而不能让电子产品侵占了正常的时间。

第四，家长帮助孩子甄选游戏的优劣。游戏之所以能够存在，是因为有其好的一面。如果选择的游戏能够让孩子放松，在游戏情节中又可以益智，那么就是好游戏。反之，如果其中存在诱导性付费，没有情节，粗制滥造，并且孩子学到的是污言秽语，这样的游戏则要抵制。

第五，家长可以成为孩子的玩伴。一款良好的亲子游戏，使家长可以和孩子一起玩耍。在玩耍的过程中培养孩子的自信心和能力，家长不要当教练指指点点，也不要当奴仆什么都由着孩子。跟孩子建立一种平等的关系，在游戏放松的同时教授一些知识，增进亲子关系。

除了电子类游戏，平时家长也要有意识地训练和陪伴孩子进行一些家庭小游戏，让孩子学会“玩儿”，让孩子知道学习以外还有很多重要的事。一个孩子“玩儿”的能力，将决定后续很多其他能力的形成。

科恩在《游戏力》一书中说，“游戏是孩子的内心世界，有些心事，孩子永远不会说给我们听，但一定会玩儿给我们看”。尤其是在孩子很小的时候，他们和外界的互动主要是通过游戏这个媒介，游戏是孩子的一种沟通工具，可以培育孩子的自信，远离孤独，帮助孩子建立情感联结，远离焦虑。

一个简单的游戏隐藏着强烈的情绪暗流，以共同参与游戏的方式，以更加感性的方式和孩子互动试试看，也许可以收获一个充满自信、充满力量的孩子。

2. 阅读力：从小读到大

越来越多的家长知道了阅读的好处，已经有了“喂孩子故事长大”的理念和意识，多数家长能够在孩子幼儿期开始陪孩子阅读，甚至在孩子未出生的时候就开始了胎教式的阅读。总之，提升人的阅读力已经成了一个大趋势，因为其是一项非常占优势的能力。

曾经有位研究中西文化的教育专家和他的团队在深入研究了西方国家的阅读发展情况后，得出一个结论：西方家庭尤其是美国普通家庭，每年为孩子提供的阅读材料和投入的阅读精力是一个普通中国家庭的6倍。阅读这件事在西方国家被提到了非常高的高度，学前教育和小学教育对阅读的重视程度到了无以复加的地步。

不夸张地说，一个不阅读的人是愚昧的，一个不阅读的家庭是无趣的，一个不阅读的民族是悲哀的。

一个人的阅读力贯穿其一生，从小读到大，从大读到老，阅读力应该像吃饭那样自然又不可或缺。

教育家苏霍姆林斯基说过，学生的智力发展取决于良好的阅读能力，谁不善于阅读，谁就不善于思考，而一个不阅读的孩子，就是一个学习上潜在的差生。让学生变聪明的方法不是补课，不是增加作业量，而是阅读阅读再阅读。

阅读力之所以很重要，有两个最明显的原因：其一，人是通过语言来进行思维建设的，而获得良好语言的最佳途径就是阅读；其二，学习新知识依赖已有的知识背景，任何阅读都可拓宽一个人的见识，让他获得超越日常生活范围的知识，背景知识越丰富的人，越容易吸纳新知识。阅读力是学习力的基石。如果没有阅读力，学习力就失去了基础，将变成“空中楼阁”。

阅读的好处多到数不过来，那么家长如何培养孩子的阅读能力呢？

第一，父母要真正认可阅读的重要性。一个嘴上说读书和学习非常重要，但是现实生活中天天打麻将、看抖音、玩儿快手，从来不阅读的家长，是不能让孩子真正信服的。真正觉得读书重要的人，是不会只停留在嘴上的，而是真正捧起书来读，孩子看到父母读书的样子，自然也会爱上阅读。

第二，从孩子很小的时候就要进行亲子共读，任何一个习惯的养成不是三天、五天的时间就能成功的，阅读尤其如此。如果孩子从小没有享受过听父母讲故事的乐趣，他怎么能够爱上阅读呢？

第三，家长要不断提升自己的思想和认知。有的家长干脆认为读书没用，尤其是读课外书没用，这样一来，在父母的观念中把书“打入了冷宫”，怎么可能让孩子认为读书是有用的呢？孩子只是父母的投影，父母如果不能真心热爱阅读，那也就不必对孩子的阅读习惯有什么奢望了。

第四，不要过分强调书的“有用”。很多家长认为孩子读学校发的教材就是有用的书，漫画或其他书就是“无用”的书。这实际是一种认知上的误区，只要符合正规出版标准的书都有用。家长不要用自己认为的有用，扼杀了孩子阅读的兴趣。家长能做的是帮助孩子挑选符合他实际年龄的书，不限体裁，杂而不芜，孩子往往能广采众长，取得更好的阅读效果。

在阅读方面，父母对孩子的影响除了言传身教之外，还要把家打造成有阅读氛围的地方。我们去图书馆都有一种感觉，一进入那排满书的空间，看别人埋头安静地读书，空气中都是书香的气息，就会有一种神圣的仪式感，也不自觉会有捧起书来阅读的冲动。这是氛围带给人潜意识的改变。

如果家长没有时间经常带孩子去书店，那么也可以把家打造成书店的样子。哪怕藏书不多，也可以为孩子开辟一个专属的“阅读角”，让孩子一旦进入这个角落就想阅读。

让孩子爱上阅读，教育就成功了一半。

3. 创造力：会创新有未来

提到创造力，我们首先想到的是什么呢？是神舟系列飞船，是人工智能，是机器人和数字技术……当然这是非常顶级的创造力。其实在我们的日常生活当中，创造力无处不在，比如画画儿、剪纸、手工制作……创造力可以体现在方方面面。

在这个瞬息万变的时代，我们都知道培养创造力非常重要，不管是在学习，还是在工作中，有创造力的人总是能脱颖而出。

李开复在 TED 演讲上谈到，未来是人工智能的世界，失业的浪潮会席卷全球，而只有一种工作是有保障的——具有创造性的工作，因为人工智能可以优化但不能创造。李开复说，未来，只有具备创造力的孩子，才能成为社会的精英。当你培养了一个高学历，却毫无创造力的孩子，在未来的失业“风暴”中，他仍然可能被撕得粉身碎骨。

所以，培养孩子的创造力对孩子的成长非常关键。不但可以让孩子保有好奇心，还能增强想象力，也会比普通人思考更多。家长都希望能培养孩子的创造力，但又不知道如何培养，从哪里入手。

具体从哪些方面进行培养和保护孩子的创造力呢？

首先，多一些逆向思维，激发孩子思考。不要总是问孩子5+5等于几，寻求这个固定的答案本身意义不大。如果换一下思维，问问孩子，几加几等于10，几加几等于100，这样就有很多种组合。一开始，孩子可能穷尽所有的整数，接着就会想到小数。如此，可以激发孩子非凡的思考力。另外，在亲子阅读的过程中或陪伴孩子看动画片儿的过程中，可以问孩子一些开放性的问题，让孩子畅所欲言，既可以锻炼孩子的语言能力，也可以培养孩子的思维能力。不要直接给孩子任何答案，可以引导，提供一些启发性的提示。

其次，让孩子自由画画儿。孩子们都是天生的画画儿高手，连毕加索都说过要跟孩子学画画儿。画画儿是一种思维和创造力的表达，让孩子自由表达自己的画儿，不急于让孩子学技法，不用成人的眼光去评判孩子的画儿好不好，这都是在培养孩子的想象力和创造力。

再次，通过丰富的环境激发孩子的创造力发展。多带孩子接触大自然。纸上得来终觉浅，绝知此事要躬行。认识的事物越多，他能用来想象的基础素材就越宽广。平时多参观博物馆、科技馆、艺术馆等，带孩子看演出、听音乐，提升孩子的思维能力。如果经济或时间有限，可以在家陪孩子做手工，鼓励孩子自己动手、自己设计——既帮孩子巩固了所学知识，又培养了创造力。

最后，与孩子在互动和游戏中培养创造力。亲子游戏有很多种，比如成语接龙，组词造句；一个人描述，另一个人猜物体；生活中带孩子联想各种形状，圆的像什么，方的像什么；可以根据一个词语或一段话编一个故事；联想旧物能用来改造成什么。可以用启发式提问孩子，比如：你觉得这道题可以怎样解答？没有刀我们怎样削掉苹果皮？下雨天没带伞怎么办？等等。只要父母有心，生活中处处都能体会到创造的乐趣。

陶行知先生说过："处处是创造之地，天天是创造之时，人人是创造之人。"

培养孩子的创造力是一个需要耐心的工作，而家长的作用是无可替代的。因为在孩子的心目中，家长是最亲近、最值得依赖的人，家长的肯定和赞许更能激励孩子勇于尝试和不断进取。

4．运动力：感悟生命的坚韧与超越

很多家长感慨，自己小的时候一天在外面玩耍不回家，山里田里林子里，是最亲近自然的孩子；而现在的孩子一天到晚不出门，不是窝在家里玩儿电子产品，就是人人住高楼，家长不放心孩子在外面玩耍。两相比较，现在的孩子运动力要比之前的我们缺乏很多。

所以我们有必要让孩子回归到大自然中，多进行户外活动和运动。具备运动力的孩子更有创造力，也能使心、眼、手更协调。儿童本性就是好动的，所以在教育上称为动觉学习者。运动力的培养不是让孩子无拘无束、随意乱动，更不是各种限制让孩子不动。正确的方法是在安全与自由的前提下，让孩子有目的、有方式地运动。

脑科学研究认为，孩子的大脑如同一棵小树，在早期，它的神经细胞并没有枝繁叶茂，运动所带来的丰富的视觉、听觉、触觉等感知刺激如同阳光，能促进其大脑神经细胞快速成长，形成沟通顺畅的网络，促进这棵小树茁壮成长。经常运动，能在孩子促进大脑发育的同时，提升心肺机能，帮助身体发育。同时还能培养孩子克服困难的勇气和毅力，为其终身高质量的学习奠定基础。

不少父母有一些认知上的偏颇，以为运动是浪费时间和体力，其实，运动跟智慧有直接关系。教育专家、清华大学神经科学研究所教授洪兰指出，国外一个实验研究500名学童，发现每天上一小时体育课的孩子，考试成绩表现比较好。洪兰解释说，运动会增加大脑血液流动，促进海马回神经营养因子基因的表现，可以帮助记忆，读书更有效果。

所以，真正具备竞争力的能力是孩子的运动力。那么，家长具体怎么做才能培养孩子的运动力呢？

首先，多带孩子进行户外活动。孩子从三岁以后就要有意识地加大户外活动时间和力度，从球类玩具、跳绳、小跑开始，让孩子喜欢上户外运动。运动力强的孩子身体会很健康，情绪也很平稳，尤其家里有男孩子的家长，更要让孩子多运动。男孩子的生理特性决定他必须释放掉身体里的过多能量，回到家里才能安静下来，如果不运动，孩子在家就会显得特别闹腾，让父母抓狂。

其次，在适当的年龄要让孩子参加符合年龄的运动项目，有目的、有针对性地进行运动力的培养。比如足球、乒乓球、跆拳道或柔道的训练，如果家庭时间和经济条件允许，多让孩子参加各种夏令营和户外露营活动。爱运动的孩子心胸开阔，思维活跃，尤其多参加野外生存训练和活动，能够拓展孩子解决问题的能力，锻炼坚强的意志。

最后，让孩子明白运动带来的好处。比如游泳有助于增强抵抗力，提高身体灵活性，心脏功能和肺活量都能得到极大的增强，有助于提升免疫力。比如踢足球运动量大，可以帮助孩子消耗体内多余的荷尔蒙，培养团队意识。比如打篮球，因为需要向上跳跃、扣篮，有助于长高个儿，同时也有助于培养孩子冷静的思维和准确的判断，提升心理素质，增强团队协作意识。因此作为父母，首先要了解各种运动的意义、功能，有选择、有目的地引导孩子朝这方面发展；其次告知孩子这项运动有可能会给他带来的好处。

作为家长既要让孩子拥有智慧的头脑，更要培养孩子健康的体魄，不但让孩子爱上运动，家长也要多和孩子一起进行运动，收获健康和快乐的同时，还能增进亲子关系。

5. 观察力：锻炼思考的最佳路径

每个孩子都是天生的创造家，这种不受后天干扰的创造力，无论是说出让大人觉得新奇的语言，还是画出让成人惊叹的画作，这些都跟孩子的创造力有关。但孩子与孩子之间这种能力又有很大的差距，关键因素究竟是什么呢？观察力绝对是其中必不可少的一种能力。观察能力出众的孩子，能看到不同事物的细微差别之处，不管将来从事什么职业，都会是个有独特见解、创造力旺盛的人。

理查德·费曼是诺贝尔物理学奖得主。他对任何事物都拥有强烈的好奇心，除了研究物理学，他还有很多传奇的经历，比如破解保险柜密码、演奏手鼓、破译玛雅象形文字、绘画，甚至调查航天飞机失事。费曼的天分在很大程度上来源于父亲的教育，而最关键的内容就是父亲经常带他去观察大自然。他说父亲经常带他去卡兹基山，漫步于丛林中，给他讲很多关于树林里动植物的新鲜事儿。见到一种植物，父亲会告诉他这是哪一类植物，它的学名、它的药用价值以及它的生长特性；遇到一种鸟，父亲会告诉他鸟叫什么名字，是什么类型的鸟，不同国家对这种鸟的称呼，以及这种鸟在地球上的生存和繁殖状况；还会给他讲鸟类的飞行状态、求偶状态等；甚至父亲会引导他学会观察植物的不同生长状态，根茎的形状、颜色等。从而使得费曼从小就对神奇的大自然产生了兴趣和热爱，这也是他长大以后孜孜不倦进行科学研究和探索的基础和动力。

孩子天生拥有一双好奇的眼睛，能看到大人看不到的东西，脑子里有十万个为什么，总会不停产生问题，这都是培养孩子观察力的最好契机。天是蓝的，云是白的，风会吹动树叶，雨后会有彩虹出现，这些都是孩子在生活中观察得到的感观体验，从而引发思考：为什么天是蓝的，云是白的，风会吹，雨后会有彩虹？所以，好的观察力才能引发思考和探索。

平时父母如何引导和培养孩子的观察力呢？

首先，在孩子专注做一件事情的时候不要轻易打扰孩子，很多时候观察力来自孩子的专注水平。比如，孩子自己搭积木，半小时了还乐此不疲，他就是在观察哪个积木放在上面，哪个放在下面，搭到多高容易倒掉，什么样的形状能互相组合，什么样的不能……如果这个时候，父母总是去干扰孩子，就等于打断了孩子正在观察和思考的状态。

其次，生活中要有意识地引导孩子学会观察。比如，水龙头的水为什么会流出来？抽水马桶的水为什么会自动冲洗马桶？水为什么会烧开？抽油烟机为什么会抽跑油烟？这些都是日常生活中孩子经常能看到的东西，如果父母平时有意识地多问问这些问题，孩子就会多一些好奇心。户外活动的时候，可以观察马路上的交通标志，可以观察人们走路的样子、说话的样子、过马路的样子，等等。生活无处不是课堂，只要留心就能观察到不一样的知识。

最后，多带孩子接触大自然。自然是最生动的课堂，春天小草发芽，夏天青蛙鸣唱，秋天树叶变黄，冬天雪花飞舞，这些都能引起孩子的兴趣和注意力。当孩子用他的个人理解去观察大自然的时候，父母可以帮助他挖掘更多的知识。这样教授的知识孩子不但乐于接受，而且记忆深刻。不要总是把孩子关在屋里，待废了身体也待懒了观察力。每个人在生命之初，对自然都有着本能的向往，了解脚下的土地和身处的自然环境，才能让孩子更真切地认识世界。

父母如果能够有意识地引导孩子，保护好孩子的好奇心，鼓励孩子勤于观察并积极思考，对孩子的提问努力表现出自己的兴趣，与孩子一起去思考，去寻求未知的答案，孩子提出问题的欲望就会不断增强，观察力和思考力也就无形被锻炼了。

6. 共情力：最高级的善良

人是社会动物，从小到大无不需要与他人建立社会关系。人与人之间的关系是否和谐顺畅，社会是否能够正常运作的因素是信任、利他、合作、爱和慈善，根源在哪里？就在于共情力，即关爱他人、体会他人感受的能力。孩子来到这个世界是一张白纸，他们需要养育者给予爱和接纳，这种爱是孩子一生成长的力量，也是孩子是否能够拥有理解别人、体会他人感受能力的基础。

人与人之间的很多矛盾来自不理解、误会，如果人人都具备共情力，能够与他人换位思考，很多矛盾就会迎刃而解。所以说，共情力是最高级的善良。

共情力最简单的理解就是一种体验别人“感受”的能力。什么是感受呢？比如开心、焦虑、难过、委屈、恐惧等就是感受。如果孩子从小学会体验这些感受，那么共情力就高。反之，不懂感受的人共情力就低。所以，父母要从小培养孩子的感受力。比如，拿一张上面有各种情绪的人脸画儿，让孩子看什么样是开心的状态、什么样是难过的状态等，这样让孩子学会识别情绪。另外，父母要给予孩子爱和接纳，尊重孩子的感受。比如在小孩子摔倒时，家长的第一反应是不要哭，尤其男孩子哭的时候，家长会说“男子汉，哭什么哭，有什么好哭的”。所以孩子越哭，父母越生气，最后导致孩子在家长面前真的不哭了，但是他学会了什么呢？他学会了忽略别人的感受。

家长具体怎么做才能培养孩子的共情力呢？

首先，与孩子读书或看动画片儿，遇到故事主人公有情绪的时候可以问问孩子，这个时候主人公的心情怎样，是开心的、沮丧的还是愤怒的？这个时候孩子就学会了代表感受的这些词汇，也学会如何去了解别人的感受。

其次，在生活中引导孩子善于观察别人的情绪。比如，看到别的小朋友生气难过，这时候你要问孩子，你觉得这个小朋友现在是什么感觉？这个小朋友刚才跟她妈妈吵架了，她妈妈现在是什么心情？这就是在帮孩子去识别别人的感受。在大街上看到两个人吵架，或者看到两个人争论，或者看到两个人开心聊天，你都可以问孩子，现在那个人是什么感觉？这是在生活中不断地观察。

最后，和孩子一起讨论他的感受。孩子经常会说“我很生气”，这个时候家长不要否定说“你不要生气”，而是要感同身受地认可孩子说的，应该说“那你心里一定充满火气吧”。作为一个智慧的家长，当孩子说他很生气时，需要搞清楚他为什么生气，是什么原因导致他生气。这叫作讨论感受。而不是简单地说："你不应该生气，我并没有想让你生气，我们不是故意的，爸爸妈妈都爱你。"这些话都没用，这些话都是在评判对方，认为对方不对。只有孩子的感受被父母接纳了，他才愿意说出自己这些感受后面的原因，并且也会减少负面感受带来的伤害。

如果父母能够在教育孩子的过程中，时刻以"感受"为主，而不是否定孩子、评判孩子，他就体会到了被人共情的幸福感，自然而然就能学会如何去共情别人。

一旦孩子拥有了这项能力，他就能遇事的时候想到别人的感受，也能够与人换位思考，这样的孩子未来的人生路不用说，也会好走得多。

7. 学习力：持久的竞争力

什么是学习力？学习力就是学习能力、学习动力、学习毅力等综合在一起发挥出来的能力。孩子学习成绩不好，孩子学习压力大这些问题，都是因为孩子没有学习力。学习力是一个人在成长过程中最重要的能力。

孩子的学习似乎成了一个家庭的头等大事。之所以这个事情很大，首先因为孩子的前二十几年都与学习相关，小学、中学、大学、硕士、博士一路读下来，像升级打怪。等到终于不用上学的时候，走上工作岗位的阶段也和学习息息相关，或者大部分人认为日后的工作有赖于之前的学习。所以，学习是一个孩子、一个家庭最关心的问题。

有的孩子不会学习，使了很大的劲儿，每天晚上不停地做作业，不断地上辅导课，但成绩就是提不上来。有的孩子会学习，一边玩耍，一边就能很轻松地把作业完成得很好。有多少父母都希望拥有一个会学习的孩子，那样孩子省心，父母也省心。所以，今天我们就重点说一下，如何让一个孩子爱学习、会学习，拥有强大的学习力。

就像孔子说的那样，知之者不如好之者，好之者不如乐之者。意思就是对于学习，知道它的人不如爱好它的人接受得快，爱好它的人不如以此为乐的人接受得更快。最后指向的关键点就是要让孩子从“会学习”到“爱学习”，然后才能有“以学习为乐”的境界，而不是“以学习为苦”感受到压力。

父母应该怎样做呢？

首先，父母在观念上必须明白，学习是孩子自己一生需要面对的课题，活到老学到老就是这个意思。注意，这里我说的是“学习是孩子一生的课题”，不是“考上大学是孩子一生的课题”。如果孩子的学习仅仅是为了考上大学，没有多大实际用处，就会出现高考结束撕书的现象，就会出现高中学习像苦行僧一样辛苦，进了大学却开始混日子而不学习的现象。最后拿着那个含金量很低的“大学文凭”，实际上一无是处。有很多考上大学的人，未必生活就一定好。反之，那些一直不停下学习脚步的人，往往收获了不错的人生。

所以，如果父母整天挂在嘴边的都是“不好好学习如何考大学”“考上好大学你就自由了”“考上大学我就不管你了”，这等于骗孩子，而没有让孩子知道人生的真相。这个真相就是，考大学是人生的一个阶段，学习却是一个人一辈子要去做的事。

其次，父母要让孩子感受到知识的乐趣。比如，孩子喜欢天文，就要有意识地陪伴孩子去查找与天文相关的知识，让他把这个领域的知识学通、学懂。比如，孩子喜欢编程，就让孩子往这方面发展，找到他的兴趣点，再让他扩大知识面。当一个人在某个领域知道的越多，他就会越自信，也会越喜欢这个领域，从而不用父母催促就会努力去学习。父母切不可认为孩子喜欢的东西是与考试无关的就横加阻拦。在当今这个行行出状元的时代，一切皆有可能的时代，孩子画画儿好、跳舞好、编程好、手工好，都是将来能够安身立命的本事。只要他喜欢就让他深入钻研，这才是父母对待孩子学习的正确态度。

最后，为了让孩子会学习、爱学习，父母恰恰不能总是张口闭口谈“学习”。如果父母的眼里和心里只剩下学习这一件事，孩子就会觉得他不是家里的一分子，而仅仅是一个学习工具。这个道理父母一定要懂。当孩子有了足够的爱，他就会成为一个自觉的人，无论是学习和生活，他都会表现出不用扬鞭自奋蹄的状态。

我们需要找到孩子感兴趣的东西，对孩子有些耐心，对孩子产生足够的信任，孩子总会找到他自己学习的乐趣。当孩子痴迷于游戏的时候，父母能做的就是表达自己的真实感受，明确告诉孩子：“我怕游戏让你上瘾，到时候你就会对其他事情失去兴趣，这样我会担心。”当孩子听到了父母的内心感受时，他会觉得学习是自己需要坚持的课题，而不是为了父母去学习，为了上大学而学习。

还要再提一点，千万不要在学习上说孩子没有自控力，当你给他的潜意识里灌输这个观念的时候，他真的就成了一个没有自控力的人。要经常对孩子说“你是一个能克服困难的人，你是一个能带动别人好好学习的人，你是一个让我们充满希望的人”。

这样带给孩子的是改变的勇气，无论是生活还是学习，都能够奏效。

8. 抗挫力：行走世界的底气

挫折教育是近几年人们常提到的，觉得孩子需要有一些挫折教育，以达到让孩子身心更强大的目的。提到挫折，大家一定会想到电影《斯巴达勇士》里面的片段，电影中把幼小的孩子扔在条件异常恶劣的地方，让其成长，活得下来就是勇士，活不下来就被自然淘汰。这的确是挫折，但这是残酷的挫折，我们需要对孩子进行的挫折教育不需要这么凌厉，那是电影的桥段，我们观看后震荡一下心灵即可。

我们所讲的挫折，是人们在有目的的活动中，遇到阻碍而导致目标达不到，或者是在正常的生活和学习中发生意外的损失。

挫折对于不同年龄段的人并不相同。对于婴儿来说，如果饥饿了，吃不到奶就是遇到挫折；对于幼儿来说，如果得不到自己想要的玩具就是遇到挫折；对于小学生来说，如果努力了还没有考好就是遇到挫折；对于青少年来说，如果他们的意见，父母没有采纳或是反对，就是遇到挫折；对于成年人来说，爱情不顺、婚姻不幸福就是遇到挫折。

所以，我们对于孩子的挫折教育不是多么宏大，而是从生活中的点滴小事中进行的。另外，对孩子的挫折教育要从小进行，就像李玫瑾教授说的那样，一定要从小开始。如果一个 4 岁的孩子在家长不给他买想要的玩具时，他最多也就是在地上打滚儿撒泼；如果孩子到了 14 岁，他想要上网不让他上，他可能就会离家出走。

具体要怎么做呢？

首先，挫折教育不是只有挫折没有教育。很多家长会陷入一个误区，认为孩子沮丧让他哭一会儿就好了，孩子不听话让他接受惩罚就好了，这都不是挫折教育，仅仅是给了孩子挫折，而没有起到教育的作用。比如，以看医生为例，孩子的第一个挫折应该是接受疫苗注射，这个时候孩子会害怕打针，害怕穿白大褂儿的医生，他们的内心充满恐惧感。如果父母仅仅是告诉孩子打针不疼，或者疼完以后哄孩子、安抚孩子，这没有起到完全的挫折教育。如果在孩子还没有打针之前告诉孩子，打针会疼，但拔针以后就不疼了，这个疼是每个小朋友都能忍受的痛苦，只疼十几秒，让孩子对疼痛有了预设，当真正被扎之后，他就会体验到这个疼痛，然后很容易释然。这样孩子就得到了第一个挫折教育，那就是直面打针这个痛苦，然后忍受一下就过去了。等到第二次、第三次打针还是这样教育孩子，慢慢他就不再惧怕医生，也不再那么恐惧打针了。

其次，给予孩子情感的支持。当了父母的人都有过这样的经历，孩子搭积木搭不好的时候会非常生气，甚至把积木推倒，自己气得哇哇大哭。这个时候对于孩子来说就是遇到了挫折，因为他搞不定积木。如果父母这个时候把控不住脾气，对孩子说："你不会重来呀，搭不好就多试几次。"这样是指责，会使孩子挫折上面加挫折，变得更生气和无助。如果这个时候父母能够给予孩子情感上的支持，不评判，只是抱抱孩子，理解他的无助与不开心，孩子在父母的陪伴和支持下，能够找到一种安全感，就会敢于继续尝试进行探索。此外，当孩子产生小情绪的时候，家长需要认同这种情绪，不要让孩子为这些情绪产生羞愧感。比如说家长可以说："我理解你的感受了，你现在很不开心。"同时你还可以给孩子一个温暖的拥抱，让他明白你的心意。

最后，挫折教育不是让孩子难过。不少家长会认为挫折教育就是要让孩子委屈、沮丧，然后才能长记性。事实这样做不是挫折教育，而是打击教育，会挫败孩子的自尊心和自信心。王尔德说："使孩子品行好的最好方法，就是使他们愉快。"相反，故意制造挫折不会令孩子越挫越勇，只会让他们感受到父母不爱他们。

所以，真正的挫折教育，不是打骂，不是设置障碍，而是我们通过给孩子足够的爱、理解与鼓励，帮助孩子从挫折中收获成长，总结经验，学习调整情绪的方法，提升解决问题的能力，促进孩子内心力量的成长。

第六章

家庭与学校——建立根基与大环境提升

1．家庭是孩子的第一所学校

一个孩子来到这个世界，他最初接触的人是自己的父母，三岁之前习得的行为习惯、语言表达等都是来自家庭教育。而我国自古以来就有“三岁看大，七岁看老”之说，所以，家庭是孩子的第一所学校，家庭对孩子的影响和教育起着决定性的作用。

孩子从在妈妈肚子里的那一刻起，父母的情绪、态度、社会行为就开始对孩子产生影响。从呱呱落地开始，孩子睁眼看到的第一个世界是家庭，接触的第一个人是母亲，孩子的无数个第一次是在家里发生的，如第一次学吃饭，第一次爬行，第一次站起来，第一次行走，第一次牙牙学语，第一次遇到挫折的处理等，都是由父母的陪伴而完成的，在无数个第一次中，父母的态度和教育方式，都深深地影响着孩子，甚至是深远地影响孩子的一生。

一个孩子的成长和成功取决于很多因素，家庭、社会、学校以及个人的修为。无论多好的学校、多好的老师，在孩子心中，父母的位置永远替代不了。教育好孩子，不只是老师的事，更是家长这辈子最重要的事业！所以，父母才是孩子的终身施教者和影响者，家庭的力量远比学校和社会的力量更强大。

家庭是人生的第一所学校，父母是孩子的第一任老师。当然，家庭作为学校并不意味着具备和学校相同的功能，让孩子把学校的活动照搬回家里。比如，孩子回家了也有做不完的作业、写不完的字、算不完的题、读不完的书，孩子在学校是过的学生生活，回家还是过的学生生活。我们认为，学生在学校是学生，孩子在家庭是孩子。父母更多给予孩子的不是知识上的提升，而是做人做事的行为准则和道德品质，打好这样的基础，才能让孩子成为一个优秀的人。

美国著名的教育家、哲学家威廉·詹姆斯博士曾说："孩子生下来时是一张白纸，而最终这张纸是否能够被描绘上一幅精美的图画，完全取决于他们的父母。父母是塑造孩子的工程师。"家的力量很强大，如果这股力量运用得当，就可以改变一个孩子的人生和未来。

有人说，如果把孩子比作一棵树，那么学校教育就是这棵树的枝叶，而家庭教育就是根基。根基扎得越深，大树就越枝繁叶茂。父母的教育，远远重要于学校的课堂教育。

家庭教育要与学校教育结合起来，家是给孩子打基础，学校是继续让孩子提升，最终合力实现让孩子既成人又成功的教育目的，培养杰出的人才。

2．好父母胜过好老师

教育专家李镇西老师说过："学校教育无论多成功，都是家庭教育的补充。"可见，无论多么优秀的老师，想要教出一个好学生，前提都是这个孩子在家庭里已经得到了父母的良好教育，打下了一定的基础。

在学校里，孩子上的是一样的课，接受的是一样的教育。可回家之后，父母不同，家庭环境不同，孩子的人生走向自然也不同。父母对孩子的教育远远大于老师，家庭教育的影响远远重要于学校教育的影响。就像那个"5+2=0"公式，说的就是家庭教育对孩子的影响。所谓的"5+2=0"，指 5 天的学校教育颇有成效，但 2 天的家庭教育如果没有跟上的话，那么孩子的教育始终会在原地打转。

好父母是什么样的呢？就是那些能够有自主学习意识，提升自己教育水平，然后起到榜样作用，与孩子一同成长的父母。与之相反的则是那些自己天天不求上进的父母，不是打麻将就是好吃懒做，孩子便有样学样，怎么可能好好学习呢？教育具有双面性，需要家长和老师的相互配合。家长与学校配合得越好，教育就越成功。千万不要觉得把孩子送到学校，交给老师就万事大吉了。更重要的是，如果父母很上进又懂教育，那么要比孩子遇到一个优秀的老师强得多。或者说，如果孩子没有遇到优秀的老师，但因为有好父母的教育和引导，也不会成为一个差生。

一个好的老师，或许能够影响孩子三五年，但家长的影响力却是一辈子。比如，童话大王郑渊洁因为在学校淘气被退学，父亲领他回家的时候只说了一句话："没关系，我在家教你。"正是父亲这一句有底气的承诺和对孩子没有任何责备的包容，成就了郑渊洁，他没有上过多少学，却成为一个非常优秀并具备实力的人。

所以，当我们想要孩子变得优秀，不要把责任推给学校，不要把全部希望寄托在老师身上，而要寄托在自己身上。先当优秀的父母再去影响孩子，并且配合学校的教育，让孩子从家庭和学校双重受益。

永远记住，没有教育不好的孩子，只有不会教育的家长，好家庭胜过好学校，好父母胜过好老师。

3. 唯分至上，孩子低能

在中国，不重视孩子分数的家长几乎没有。追根究底，当然离不开我们传承下来的价值观和成才思维：考好分数—上好中学—上好大学—找好工作—有好生活。一旦分数不好，似乎就陷入了恶性循环，紧跟着的一定是考不上好中学，上不了好大学，找不到好工作，一辈子不就完了？诚然，是有一种社会约定俗成的价值观，让家长不敢停下追求分数的脚步，他们宁愿变成那种在孩子看来的“恶人”，也不想让孩子的人生变得辛苦。事实上，成绩好就能搞定一切吗？当然不能。我们不是说分数不重要，好的分数代表一个孩子的学习能力，但父母不能把这个当成全部，更不能当成唯一。

一个小孩6岁才会说话，10岁才会写字，老师对他的评语是：“反应迟钝，思维不合逻辑，满脑子不切实际的幻想。”你能说他是差生吗？他叫爱因斯坦。

一个孩子高考考了3年，第一次考英语只有33分，后来他开了家名叫“新东方”的英语培训学校并在美国上市。他叫俞敏洪。

一个孩子高考也考了3年，第一次数学考了1分，第二次数学考了19分，第三次数学才考了79分。他叫马云。

当然以上只是针对性举例，并不代表低分的人一定有前途。但我们也必须承认：人与人之间确实是存在差异的。我们不能总是过分重视孩子的成绩，即使考试不理想，成绩没有达到预期的那么高，或者说，成绩永远不是班里的前三名，父母也没必要大惊小怪，这是正常孩子的正常成绩。

所以，对于孩子来说重要的不是成绩，而是他的学习态度。也就是说，他能在学习中找到快乐，把学习当成是自己的事，而不是给父母挣面子的事。何况，如果一个孩子只会考试，其他生活能力很低下的话，也不能算是教育成功。

比如，某地区有一个考试神童，17岁进入中科院读研，结果没有母亲的陪读，生活无法自理，被迫退学，一颗童星从此陨落，令人叹息。很多父母都是这样，只重视孩子的学习和他能不能考个好成绩，孩子回到家里不是衣来伸手，就是饭来张口，除了学习什么都不用做。这样的后果是，也许孩子能考出高分，但却变成了“低能”的人。

在《佐贺的超级阿嬷》一书中，乐观幽默的阿嬷说，“人生就是一个个分数的总和，这个三分，那个两分，加起来就有五分了”。多好的言论，如果父母也能用这样的心胸和眼光看待一个孩子，而不是把孩子当成一个考试机器，那么我们也会说，语文80分，数学60分，加起来140分，还学到不少东西呢。

学习是一种态度，是消极还是积极，全在于成人如何看待成绩这件事。如果父母把孩子丢分的原因找出来，而放大他学会的东西，孩子的内心一定会充满愉悦感，觉得自己没有被苛刻，反而会轻装上阵，把自己丢过的分数找回来。如果孩子内心被重压在分数之下，一分不敢丢，反而学得胆战心惊，小心翼翼，这样一来，就会认为学习不是学知识，而成了一件苦差事。

而且考试代表的是智力的高低，但一个人的成功往往来自很多非智力因素，比如自律、勇敢、勤劳、坚强等。

当父母把重心转移到培养孩子的非智力因素上，往往会少了很多争斗，不用天天盯着孩子的分数做文章，也会少了很多虚荣和攀比，会在培养孩子自律、意志力等方面下功夫的同时，也让自己跟着孩子一起成长。

4. 兴趣班，核心是兴趣

说起兴趣班，顾名思义，一定是建立在孩子的“兴趣”上的，而不是盲目跟风。如果自己的孩子不具备其他方面的天赋，看到别人学声乐、学乐器、学跳舞，就给孩子报，结果孩子唱不来调，弹出的曲子也很别扭，跳出的舞蹈不太协调，这就不是让孩子建立兴趣，而是让孩子受苦。为什么说是受苦呢？一个对才艺不感兴趣的孩子，如果硬被逼着去学，他不但感受不到愉悦，反而会是一种压力。

毕淑敏老师说过一段很值得学习的话，她说：爱好究竟是什么？或许，不仅仅是小孩子面临的问题。爱好一半天生，一半后天培养，爱好若能成为事业，是一种幸福。它的重点不在培养的手段上，而在于真切喜欢，然后去坚持。良师难寻总能寻，妙法难觅总能觅。“爱好”是非常主观的诉求，它不考虑市场需求，没有商品的印记，是埋藏在血液中的持久呼唤。

所以为孩子选择兴趣班究竟是想让孩子成为父母梦想的载体，还是孩子的主观诉求呢？这个问题在选兴趣班的时候要衡量清楚。我们不否认有一些孩子通过兴趣班变成某音乐大师、画画儿大师，他们是在虎妈狼爸的逼迫下有所成就的，但那毕竟是凤毛麟角，不具有普遍性。

在我看来，家长给孩子报兴趣班的目的分为两类：一类是纯兴趣类，只为陶冶孩子情操，跳个舞、学个乐器，或者学个体育项目强身健体，和学校的学习不沾边儿，也没指望他将来靠这个吃饭；另一类比较“功利”，是想着学了对以后的学习有所帮助，像各种棋类、大脑开发、少儿编程等。无论是哪一种，家长在给孩子选择兴趣班的时候，都要有一些注意事项：

首先，选择兴趣班时，可以考虑对孩子学校的学习有一定的帮助。但这并不是主要因素，家长在给孩子报名的时候，要冷静分析，适不适合自己的孩子，适不适合自己的家庭情况，能不能坚持学好。

其次，不要过分相信宣传，要有自己的主见和目标。比如，那些被邀请来做宣传的家长和孩子，都是学得最好的。事实上，一个兴趣班里，学得好的孩子也就那么两三个，这个规律不管在兴趣班、学校，甚至在单位都是一样的，拔尖儿的只有那几个。另外，大部分在兴趣班学得好的孩子，都是因为学习习惯好、家长引导得好或者本身就比较聪明，这些因素加在一起，在学校成绩好也是大概率的，兴趣班学得好和学校学得好并不是因果关系，很可能是并列关系。不要以为别人学得好，自己家的孩子也能学得好。要视自己的实际情况而定，要考量孩子的兴趣，还要考量家庭的经济承受能力。

最后，不要急功近利。现在很多家长不想让孩子“输在起跑线”，所以会给他们报各种艺术培训班，但无论是音乐还是绘画，无论是跳舞还是跆拳道，其出发点都十分功利，并且有急于求成的心态。

除此之外，对于兴趣的培养，我们也不能只重视结果，更要重视过程，过程有时比结果更重要。如果不从孩子的实际出发，不考虑孩子的天性和兴趣，不在意孩子学习时的体验与感受，只一味地强迫孩子学习其并非真正喜欢的一些艺术知识和技能，这俨然不利于孩子的身心健康，也的确违背了美育的根本和初衷。

5. 评价孩子，父母的语言胜过老师

著名儿童教育学家蒙台梭利说过：儿童不会自己判断自己，他是以别人对他的态度来判断自己的。因此对孩子来说，自我判断的基础首先来自父母对自己的评价，无论是表扬还是批评，父母的语言中含有能量，能鼓舞一个孩子，也能打击一个孩子。

绘本《爱德华——世界上最恐怖的男孩》中，主人公爱德华是一个调皮的小男孩儿，他喜欢踢东西，父母评价他说："爱德华，你很粗鲁，老是乱踢东西。"从那天起，爱德华就变得越来越粗鲁。他在家里制造噪声，父母评价他说："你太吵了，你是世界上最吵的男孩。"从那天起，爱德华变得越来越吵闹。爱德华有时会欺负小朋友，会捉弄小动物，会把房间弄得很乱，每次父母都说："爱德华，你是世界上最恶劣、最没有爱心、最脏乱的男孩。"父母经常指责他，认为他是世界上最恐怖的男孩，渐渐地爱德华变得越来越粗鲁、吵闹、恶劣、没爱心、脏乱，以前那个阳光善良的小男孩儿不见了。

父母用负面的评价把一个孩子变成了糟糕的男孩儿。后来，爱德华父母用鼓励和赞美的语言来评价他，情况完全变了。爱德华喜欢踢东西，有一天他踢飞了一个花盆，父亲说："爱德华，我看见你种的花儿，长得很可爱，你应该多种一些植物啊。"从此爱德华喜欢上了种花儿，越种越好，连隔壁邻居都来请教他。爱德华把房间弄得很乱，把衣服都丢出窗外，这些东西恰好掉在一辆车上，车上的东西都是要捐给穷人的。母亲说："爱德华，谢谢你捐出这么多东西，你真是一个善良的孩子。"从那天起，爱德华经常捐赠旧衣物、书籍给穷人。爱德华有时还会有点儿不爱干净、粗鲁、邋遢、恶劣，但父母不再恶语相向，他们总说爱德华是世界上最可爱的男孩儿。虽然他有很多缺点，但他也有很多优点，父母选择放大爱德华的优点，包容他的缺点。慢慢地，爱德华真的成了世界上最可爱的男孩子。

可见，父母的语言可以塑造一个孩子，说负面的评价语言能塑造一个负能量的孩子，说正面积极的评价语言则能塑造一个积极的孩子。

有个妈妈就特别会说话，参加幼儿园的家长会，老师说她的儿子有多动症，最好带去医院检查一下。而这位妈妈却对儿子说："老师表扬你了，说宝宝之前坐不了一分钟，现在能坐三分钟了，其他妈妈都羡慕妈妈，全班只有宝宝进步了。"孩子听了以后第一次愉快地开始自己吃饭，没有让妈妈喂饭。孩子上学以后，家长会时老师说她的儿子在全班 50 名同学中，排名第 45，怀疑孩子智力有障碍。这位妈妈回家对儿子说:“老师对你充满了信心，老师说你不是个笨孩子，只要再细心些、努力些，就能超过你的同桌，这次你的同桌排名第21。”说这话时，她发现，儿子黯淡的眼神一下子充满了光，沮丧的脸也一下子舒展开来。她甚至发现，儿子温顺得让她吃惊，好像长大了许多。第二天上学时，他去得比平时都要早。等到初中、高中，无论孩子的老师对孩子做了什么样的负面评价，这位有智慧的妈妈总能用积极的语言去跟孩子沟通，给予孩子自信与鼓励。最后孩子考上了清华大学，收到录取通知书的那天，孩子哭着对妈妈说:“妈妈，我知道我不是个聪明的孩子，可是，这个世界上只有你能欣赏我……”

这两个故事都向我们证明了一件事：对于孩子的评价，父母的语言力量远远胜过老师。平时在家里要对孩子进行更多积极正向的评价，尽量避免使用一些负面的评价。对孩子有耐心和信心，给孩子自信，通过赏识的力量暗示孩子，让孩子收获更多的动力。父母的正确引领能够让孩子对抗外面的评价，即使遇到老师给予孩子负面的言论和评价，智慧的父母也会圆过来，减少孩子的伤害。

父母对孩子有意无意的暗示性语言和动作都会在无形中深深埋在孩子的心底。如果是正面的影响，它将鼓励孩子健康成长，如果是负面影响，则将变成孩子终身沉重的负担。

6. 尊重老师是对孩子的帮助

孩子从入幼儿园起，就要去面对不同的老师。从幼儿园到高中毕业，家长绕不开的话题就是：作为家长，如何与老师打交道？

孩子在学校最大的影响不是成绩差，不是常被老师叫去办公室，不是常被请家长，而是老师不再注意他，被老师完全放弃的孩子在学校的生活绝对是黑暗的。但是，很多时候，孩子在学校被放弃不是因为孩子，而恰恰是家长的做事方式所导致。作为家长，我们决定不了孩子会碰到什么样的老师，但是，可以尽自己的努力，提升自己与老师的相处之道，从而促进孩子健康成长。

孩子在学校的时间会有十几年，所以与老师打交道是非常考验家长的一门学问，具体怎么做呢？

第一，有素养。无论是询问孩子的学习情况，还是孩子在学校有了什么问题老师找家长沟通，家长都要表现出真诚，不要拐弯抹角，更不能带情绪。老师是一个班的负责人，要同时面对很多学生和家长，难免遇到考虑不周全的时候。家长要体谅和理解老师，在老师面前不炫耀、不谄媚，不论你是谁，你首先是家长，是没有头衔的普通家长。会当普通家长，才能养出正常孩子。跟老师打交道的时候，展示你身上的素养，给老师留下好印象，是相当有效的方式。因为孩子是家长的一个影子，而家长是孩子的一面镜子。一个高素养的家长，会让老师潜意识里提高对孩子的期望，而根据皮格马利翁效应，老师的期望，对孩子成长至关重要。所以，跟老师打交道时，家长彬彬有礼、谈吐得体，展现出博学、温润和真诚，是极好的方式。反之，刻薄、带情绪甚至炫耀自己权势的家长，往往适得其反。

第二，引导孩子尊重老师。家长的职责不是为孩子制造问题，而是要帮孩子解决问题。要引导孩子去喜欢老师，哪怕做不到喜欢，也要会尊重老师，这样才能让孩子更好地学习。不要在孩子面前说老师的坏话，最好能为老师在孩子心目中的印象加分，即使自己对老师有什么不满，也不要在孩子面前流露，可以私下跟老师沟通。因为你的抱怨除了对孩子产生消极影响外，别无他用。越是尊重老师的孩子，他越能尊重知识，会以老师的教导为导向用心学习。如果一个孩子不尊重老师，很容易对老师负责的课程产生不尊重，这样一来孩子就会学不好这门课。

第三，信任老师。信任是家长和老师建立良好关系的基础。家长要相信老师都希望能够教好每个孩子，不管孩子是愚钝还是聪慧。请家长用客观公正的眼光看待老师，不偏听、不偏信，也相信自己的眼光。如果孩子回家哭诉，老师骂他或者打他，家长应先从其他的孩子那里了解情况，然后给老师打电话了解情况。家长的信任是一剂暖心药，家长的信任就是对老师工作的莫大支持和鼓励。如果孩子之间出现摩擦，造成一定伤害，家长不要大喊大叫，情绪失控压根儿不能解决问题，只会让事情变得严重。压住怒火，冷静客观地看待孩子的问题，与老师好好沟通，无论什么事情，建立在信任上才能利于解决。

第四，多配合老师工作。老师尤其是班主任为了完成学校布置的任务会给家长和孩子留一些需要配合的作业，这个时候家长不要嫌麻烦而拒绝配合。其实，配合老师的工作等于帮助老师共同提高班级质量，老师会记在心里，比在节日收到礼物还管用。家长的配合会让老师觉得受到尊重，也能帮着老师减轻一些负担。不能因为老师布置一些需要家长参与的作业，家长因为自己忙，完不成而迁怒老师，更不能在学校群里发牢骚。这样不但会影响老师对你的看法，还会显得自己格局太小。帮人就是帮自己，这是一个真理，何况还是教育自己孩子的老师呢？能出力的时候一定不要吝啬自己的举手之劳。

善于和老师打交道的家长，往往也能得到老师的尊重，孩子也会更加喜欢老师，喜欢学习。善待孩子的老师，就是善待孩子的成长。尊重孩子的老师，就是尊重孩子的未来！

家长和老师从来都不是一对不可调和的矛盾，而应是教育孩子战线上的同盟军，劲儿往一处使，才能促进孩子健康成长。

7. 给孩子一堂“爱情课”

随着孩子一天天长大，美好的青春也会如约而至。孩子大部分会经历“早恋”，如果再大一些到了青春期，他们会遇到爱情。如果说早恋是懵懂的，或者说是孩子无意识地对异性产生好感的一种表达方式的话，那么到了青春期的孩子，涉及恋爱问题时，往往就不能完全归结为早恋，而要偏向爱情，是孩子建立两性关系认知的基础。这个时候，家长不能用以往的传统思路来解决问题，不能简单禁止，甚至惩罚或恐吓，而是要改变思路，不要再害怕孩子谈恋爱，要担心的是孩子没有能力处理情感问题。不是要禁止孩子谈恋爱，而是要帮助孩子学习如何面对一份爱情，这才是真正好的爱情教育。

在新加坡的教材中，会教孩子如何面对感情问题，还有很多视频告诉孩子哪些行为不合适，哪些是合适的，怎么保护自己的安全等。而中国孩子没有受过这方面的教育，所以外国的孩子在相同的年龄阶段会谈恋爱不是因为身体发育得更早，最大的差别在于外国的孩子从小就开始不断接受如何对待情感问题的教育。

人类产生爱情，能够具备经营两性情感的能力，是从幼年开始发展和练习的。而爱情什么时候启动，并不是由孩子的年龄决定，不是由父母的期望决定，也不是由孩子自身的意志决定，而是取决于让孩子情窦初开的那个人什么时候出现。爱情并不是父母、老师所想象的那样，都会让孩子走向毁灭。相反，爱情可以成为孩子变得更好的积极动力。爱情成为学习的阻力还是变好的动力，取决于孩子受到了什么样的爱情教育。那么，要具体从哪些方面引导和支持孩子呢？

第一，让孩子明白什么是爱情，什么是友谊。青春期的孩子看似长成了小大人儿，但实际依然是个孩子，还不具备成人的那种价值观和远瞻性。他们对于恋爱的认识往往是从电视或其他途径学到的。他们可能认为自己喜欢和某个异性玩儿在一起、谈得来、有共同爱好就是爱，就想和对方谈恋爱，其实他们有时候分不清什么是爱情，什么是友谊。父母应该告诉孩子，爱情是想要和对方永远在一起，要包容对方的缺点，最终要给对方一个家，像爸爸妈妈一样生儿育女，而不是单纯地喜欢和对方玩儿，那是友谊。友谊也是非常珍贵的东西，如果盲目把友谊发展成为爱情，那可能最后连朋友也做不成。现在他们还小，可能分不清这感情到底是爱情还是友谊，那就可以先维持朋友关系，如果成年了还是喜欢对方，那就可以尝试进一步发展。

第二，让孩子明白什么是爱情中的责任。爱情中最核心的东西是能不能为自己和对方负起责任。如果是一个女孩，你要问她：“除了目前喜欢的这个男生，你还会不会爱上别人？会不会在以后上了高中、大学，甚至出国留学深造，眼界开阔以后有新的目标？考虑这些才是负责任的表现。”男孩也一样，你要问他：“你爱她，你要想想你对她负得起责任吗？你会不会变？”

曾听卢勤老师讲过一个故事。一个男孩跟他爸爸说：“我们班有一个女孩儿特可爱，我看上她了，爸，我今后想娶她为妻。”他爸说：“嗯，我儿子眼光不错，这女孩儿确实很好，不过如果你想考大学，我建议你考大学以后再说，如果你打算就在县城生活了，现在就可把事情定下来。”这父亲非常聪明，用这简单的选择和引导让孩子知道，恋爱是很美好的事情，但是恋爱和婚姻还有一段距离，婚姻意味着什么。告诉孩子，谈恋爱是一件神圣的事，不是玩儿过家家，要有责任感。朝三暮四对自己和别人都是一种伤害，所以要秉着负责任的态度去谈恋爱。

第三，教孩子在对的时候做对的事情。爱情是一辈子的事，没有必要急着去干扰对方的生活，应该在对的时候做对的事情，好好学习，提升自己，才能给对方一个美好的未来、稳定的爱情。爱情是势均力敌的，只有自己优秀了才能配得上对方的优秀，只有自己优秀了才会带动对方的优秀。所以，恋爱可以谈，但是要一起进步、好好学习、天天向上，等到两个人都优秀的时候，那样的爱情才更可靠。如果发现孩子在暗恋别人，没办法专心学习，那要告诉孩子，只要自己足够优秀，别人自然会留意他，如果他一直堕落下去，就算他们在一起了，他也会没有底气，最好的爱情应该是相互激励、共同进步的。

第四，跟孩子谈谈性的问题。谈恋爱没有错，但做不符合年龄的事情，不坚守一些底线就是错。而且从恋爱到“性”，孩子在不知深浅的情况下很容易突破这个警戒线。不是家长封建、古板，而是对于孩子来说，他们都没有承担那个后果的能力。对于“性”这个话题，家长不要羞于启齿，如果实在说不出口的话，可以给孩子写封信，让孩子把握分寸。无论你是男生的家长还是女生的家长，都要告诉他们，正常谈恋爱可以，但不能随便和人家发生关系。

第五，让孩子学会应对爱情的不确定性。爱情虽然很美好，但失恋却让人很受打击，而且自己做好的同时并不能代表别人和自己一样。如果喜欢的另一方不想再谈恋爱，那么要让孩子明白，恋爱的时候很快乐，失恋的时候难免会难受，要有这样的心理准备，而且不要因为爱情失意而伤害别人或者伤害自己。某学校高二男生用玻璃扎破了自己的胸口想要自杀，医生询问同班同学情况后才知道，原来这个男生和班里的一个女生是一对恋人，以前他们两个人的关系非常好，经常出双入对。由于女孩提出了分手，男孩因为无法承受失恋的打击而选择伤害自己。

孩子的爱情观其实是需要父母用爱来进行滋养的。在对孩子引导的过程中，要帮助孩子树立正确的爱情观。所以父母与其让孩子在不懂爱的情况下，在爱情当中跌跌撞撞，不如一开始就对孩子进行正确的爱情观引导。让孩子懂得什么是爱，如何爱，这才是正确的做法。所以为了让孩子能够在将来的恋爱关系和婚姻关系当中知道什么才是真正的爱情，家长就应该早早对孩子的爱情观打下基础。

8. 在家培养孩子的社交能力，在学校才不被欺凌

提到校园欺凌，是一个比较不开心的话题，因为校园欺凌一直被抵制，却从未消失过。无论哪一代人，似乎都有过上学被欺凌或者目睹别人被欺凌的经历。被欺凌者可能一生都在治愈这种因被欺负而落下的心理阴影。电影《少年的你》就是以校园欺凌为题材拍摄的电影，这部电影的票房很高，引起的评论也很广泛，其中有很多人因为这部电影触及到了自己曾经被欺凌的伤心往事，也有人能够想起学校里的那些小霸王欺负别人的场景。如何应对和避免孩子被欺凌是一个严肃的话题，作为家长或学校都要引起重视，积极干预，才能让青少年在求知和成长的过程中，不会遭遇这种人为的伤害。

我们这里重点讲一下如何避免被欺凌。被欺凌的孩子属于弱势，多数慑于别人的威胁，很少能够生出主动保护自己的意识。父母就要

在平时的生活中多留心，不但要培养孩子的社交能力，还要及时发现问题进行干预，以免更大的伤害发生。

校园欺凌是有信号的，比如孩子出现以下几种情况时父母就要警惕孩子遇到了麻烦：

（1）身体伤痕，比如无故出现瘀伤、抓伤等人为伤痕；

（2）孩子的鞋子、文具或个人用品经常丢失或破损；

（3）上厕所的习惯改变，比如孩子非得回了家以后才上厕所；

（4）回到家常常情绪不佳，比如伤心、沮丧；

（5）有一些自我伤害或者消极情绪，喜欢把自己关起来；

（6）孩子非常不想上学，甚至逃学，装病请假；

（7）变得花钱大方，索要甚至偷窃家里的钱物；

（8）拒绝谈论学校里的事情或同学之间的关系；

（9）携带或试图携带保护工具（如棍子或刀）去学校，并且表现出“受害者”的肢体语言，如拒绝眼神交流、失眠、噩梦或尿床等。

家长应该如何应对校园欺凌呢？

如果是受害儿童家长的话，在发现孩子遇到麻烦以后要鼓励孩子把麻烦讲出来，可能孩子开始不会说或不敢说，不要有任何批评孩子的言论，让孩子完全信任你，他才可以向你求助。比如，有的孩子回家告诉父母自己在学校里被别的同学孤立或欺负，家长不问缘由直接批评孩子“都是你不好好学习，要不别人为什么孤立你”，这话等于是一记重拳，会击碎孩子对家长的信任。孩子最大的后援就是父母，所以要让孩子信任父母，他才会敞开心扉。

无论是什么形式的欺凌与被欺凌，事实上都是孩子的社交出现了问题造成的。所以，培养孩子的社交能力才是家长最需要关心的事情。

孩子的社交能力除了前面讲过的培养孩子成长性思维中的自信力之外，还需要其他几个方面的注意事项。

第一，培养孩子的高能量姿势。凡是被欺凌的孩子有个共同点，都是让别人觉得“好欺负”。这个“好欺负”包括不自信，不敢表明立场，不太合群等低能量姿势。所以，家长平时要有意识地锻炼孩子的高能量姿势：让孩子双腿分开，叉腰挺胸抬头，或者双手向上伸，然后挺胸抬头，两脚与肩同宽，这样子做两分钟，好像超人一样。男孩要说：“我要像超人一样勇敢。”女孩可以说：“我要做超级女侠。”这个姿势能够帮助孩子更自信、更放松。

第二，让孩子学会基本的社交行为。比如孩子会不会问好，会不会跟别人眼光接触，会不会道谢，会不会道别，会不会道歉，这是最基本的社交行为规范。这些社交规范平时可以在家里练习，让孩子能够做到有礼有节，敢于和别人眼神交流，这样会给人一种很有力量且不容侵犯的感觉。如果孩子这些基本的社交行为都不太擅长，那么除了性格内向之外，他可能会比较害羞，这样出去和同龄人社交的时候就会觉得很累。一旦社交上出现一些小偏差，就会给欺凌者造成一种感觉，觉得“这人不行”“这人好欺负”。

第三，当出现被孤立的时候。教给孩子各个击破。当一些孩子形成一个团体来孤立一个孩子的时候，很可能是他本身做的一些事情超出了其他正常人能接受的范围。比如他特别优秀，别人会因为嫉妒他而来孤立他；再比如他太娇气，或者太挑剔，或者太过负能量，都有可能被孤立。

对被孤立的小朋友家长来说，可以让自己的孩子去找一个在班里跟他脾气性格比较相似的人。就是在孤立他的这个团队里面，5个人也好，10个人也好，里边有没有一个跟他关系还比较好的人，各个击破。让孩子跟这个人做朋友，作为家长也可以邀请小朋友，或者邀请小朋友和他的家长，一起到家里来做客。或者带着孩子，邀请同学家一起去看一个节目，这个节目肯定是小朋友们都喜欢看的。

这样，家长之间可以做朋友，然后孩子们也可以在学校以外的环境里建立友谊关系，孩子在学校里就不是完全孤立无援的，而是有一个可以说上话的朋友。

四、同情孩子的遭遇，但也要保持理智的判断

不可否认，每个家长都十分担心自己的孩子在学校里被孤立或被欺凌，但切不可反应过度。比如，不要每天对孩子进行追问。孩子之间的矛盾情绪变化非常快，他们之间关系的不好，是很快能够恢复

过来的，尤其在学校很容易出现前几分钟打架，后几分钟又能玩儿到一起的情况。如果家长对孩子每一次纠纷都感觉如临大敌一样，追着孩子问个不停："谁欺负你没?""谁今天欺负你了？"总是这么追问，会让孩子潜意识里觉得自己是个"受欺负的人"。还有一种可能，孩子大部分时间是坦诚的，但是也有的时候，他是编故事的高手，比如说他觉得父母在他受欺负的时候，是他的一个支持者，给他足够的支持，他当然喜欢这种支持，喜欢这种关注，那他就可以多说一些他被欺负的事情，来获得家长的同情。可是其实这样的反复痛苦追问，对孩子的成长没有好处，对自己也没有好处。所以，要多观察、少追问。

最后我们作为家长，一定要告诉孩子，不管在外面遭遇什么事情，一定要告诉爸爸妈妈，爸爸妈妈永远是他最坚强的后盾。应该让孩子知道，家在任何时候都是他可以信任的港湾，不管事情的结果如何，做父母的都应该尝试着去理解、安慰和包容孩子。让孩子敢于把担忧和恐惧表达出来，而不是压在心里。很多孩子长大以后被别人欺负时一声不吭，不敢告诉他人，就是因为在他们过去的经历中，告诉了家长之后换来的不是安慰，而是责备。

第七章

爱与管教——无条件的爱需要边界的约束

1. 爱本身就是一种教育

“爱”的背后包含着“体谅、感恩、体贴、温柔”等一系列词语。培养一个有爱的能力的孩子的难度，丝毫不亚于养育一个品学兼优的孩子。爱是一种能力，学会爱能让孩子更加坚强和善良，但是孩子并非天生就懂得如何去爱，他们需要父母的正确引导和示范。

有位教育家说过，培养一个与世界摩擦最小的孩子，这个孩子就有了福气和智慧。不与世界起争端就会增加很多幸福感。而孩子如同一年之中的春天，只有一季。如果不好好珍惜和呵护，转眼就消失了。在孩子内心种下爱的种子，才能使孩子收获爱的能力。

如何让孩子习得这种爱的能力呢？前提是父母要懂得“爱本身就是一种教育”，而不要因为爱孩子才教育他。怎么理解呢？就是爱与教育不是分开的。爱的时候恨不得把天上的星星都摘下来给孩子，对孩子百依百顺，以超额满足来显示对孩子的爱；教育起来则肆意打骂，严厉又苛刻，还说是为了孩子好。这并不是教育，或者说不是带着爱的教育，把爱与教育割裂了。

爱和教育是不应该分开的，我们应该在爱中教育孩子，同时要教会孩子如何爱。况且，我们教育孩子的目的不是培养一个听话的孩子，而是培养一个有独立人格、有自主生活能力而且内心充满爱的孩子。每个家长都爱孩子，但爱孩子并不简单，只凭一腔热爱是远远不够的，还要掌握科学的理念。如果教育理念和方法不得当，就会适得其反。爱而有教，是一种智慧的考验。通过了考验，才有资格说：我爱孩子，爱得不肤浅。而且要记住，教育孩子成人比成才更重要，不能本末倒置。

教育的根本目的就是要让孩子知道做人的基本道理，而这个“教”字，是由“孝”字和“文”字组成，说明了中国的教育就是从“孝”文化入手，让下一代知道怎样去感恩图报和孝顺父母。感恩，不是压力，更不是负担，而是催人上进的动力。在感恩中，我们将会成为更健康、更完整的人。父母给我们生命，给我们呵护和照顾，我们要把这种感恩的精神传递给我们的孩子，让孩子明白生命的价值，明白成长的价值。

比如，围桌吃饭，夹第一筷子的一定是年龄最大的长辈；长辈递过来的红包，无论多少都要记得真诚地说谢谢；心里再不快活，也不能把气撒在最亲的人身上；看到大人忙得不可开交，要主动上去搭把手；逢年过节，要挨个儿问候，祝福长辈节日快乐……这些都是

“孝”文化，也是爱的培养，如果从小连最基本的感恩和礼貌都做不好，呕心沥血养出来的孩子成绩再好，对家庭和社会也是冷漠生疏的过客。

富有智慧的父母要学会把握“爱”这个天底下最有力的“武器”，温柔地教育我们的孩子，让孩子在爱中健康地成长。

生活中处处都有爱的教育，平时给父母端个茶、递个水、洗碗筷、做家务，这是对家的爱；看到同学有困难能够尽自己的力量去帮助，这是对同学的爱；看电视读故事，能够对主人公的悲惨遭遇抱以同情心，这是对不同人的遭遇能感同身受的爱。

当然所有的爱的教育都离不开父母给予孩子的爱，这份爱不是溺爱，不是顺从与骄纵，而是宽容、接纳、理解，当孩子在父母身上感受到了被尊重、被接纳时，孩子自然而然习得了这种能力，以后也会去宽容和理解别人，接纳与尊重别人。这就是一种爱的教育。

2．培养孝道就是培养爱

孝顺究竟是什么呢？不是《弟子规》中“亲有疾，药先尝”，也不是“亲有过，谏使更”“谏不入，悦复谏。号泣随，挞无怨”。不是《卧冰求鲤》中用肚子融化坚冰的愚孝，也不是《怀橘遗亲》中偷橘子被发现说是为孝顺母亲而偷的油滑。孝 = 情感，就像那句非常暖心的话概括的那样：你陪我长大，我陪你变老。孝顺是一种传承，是一种情感的流动与互相给予。

前段时间网上有个新闻，涉及“孝顺”的话题和价值观。

某博士 20 多年前出国后杳无音信，母亲在病危的时候希望能见他最后一面，经过多方寻找终于在加拿大找到了该博士，结果该博士表示“和家里人的事情很复杂不便多说，我不会回去”。很多人看到这里，没有了之前那么激烈的反应，用“清官难断家务事”的理性声音代替了大骂其“不孝子”的声音。这说明人们的价值观也在提升和发展。

所以，我们有必要谈谈如何正确引导孩子“孝顺”。每对父母在生孩子之前并没有问过孩子想不想来到这个世上，所以，我们也可以说不是每一对父母都是伟大而无私的，对于给予生命并不是恩，而是一种正常的、自然的繁衍。对于孩子出生之后的基本养育，是父母的职责所在，就像大自然中的每一个生物体都需要养育后代一样。只有在基本的养育之外付出爱、给予爱，才是对孩子有恩。而孝顺就是这份额外之爱带来的回馈。这份回馈并不等价交换，不是说父母给孩子花了多少钱，孩子长大后给父母按通货膨胀率折价偿还。我们每个人既是别人的孩子，又是别人的父母，对下的养育和对上的赡养都是法律规定的义务。超出这个范围之外的维系不是金钱，也不是责任，那个才叫亲情，才叫爱。

如果仅仅是给父母钱，而不用心去感受父母，那就等于还钱，而不是孝顺。反过来也一样，如果仅仅是把孩子留给别人抚养（如隔代抚养），给钱给物而没有陪在孩子身边，其实也不算真正的爱。没有爱出，哪儿有爱返？

孝顺不应是拿来与养育的对等回报，更不应该是无条件的顺从，而是一种流动。小流动是小幸福，大流动是大幸福；小流动是短暂的幸福，大流动是长远的幸福。

笔者曾见过一个家族，这个家族极其重视家庭的和谐，尤其是父母对于孩子，努力将一碗水端平，对每个孩子都处于接纳的状态。而孩子呢？对于自己的长辈，无论是父辈还是祖父辈，还是再往上一辈，都非常尊敬，也就是接纳的状态。这个家族的人，没有人挑剔长辈错误，也没有听到长辈抱怨小辈儿的是非。这就是爱存在的一种表现。

我们每一次华德育才的课程，第一个活动就是让所有人都了解到，幸福就是始于爱的流动。中国有句老话儿，水往下流，也就是说父母疼爱孩子，永远超过孩子疼爱父母，孩子疼爱自己的下一代远远超过疼爱自己的父母。这种“往下爱容易、往上爱难”的事实，是因为很多人没有学会爱的回流。爱就像水一样，是有源头的。如果爱不回流，相当于无源之水。要想让这爱不断流，就得让爱回流到爱的源头上。所以，在家庭教育的认知当中，寻找爱的源头也称为养根。我们要懂得爱的回流，只有这样爱才能够持续地流动。

我们具体应该怎么去做，从哪儿开始呢？爱是如何开始，该怎么流动呢？

第一，告诉孩子，他的到来是源于爱，是父亲和母亲相爱的结晶，而母亲的出现是源自外公外婆的相爱，父亲的出现是爷爷奶奶的相爱，每一个人都有自己的父母，也就是说每一个生命的到来，都是源于人与人之间相爱。所以，每个人是从爱中诞生的，当我们能够感知到这种爱的力量的时候，就已经开始觉察爱的存在。让孩子知道他和父母之间，他的父母和爷爷奶奶、外公外婆之间，和谐与稳定的发展皆来自爱。当一个孩子内心充满了爱，才能真正不受外界的影响，会自主自发地去爱父母，这就是自然而然的孝顺，不是被约定俗成的“孝规”来逼迫孩子去孝顺。

第二，允许孩子不孝顺。孩子在小的时候可能会直呼父母姓名，吃东西时不与人分享，不替父母干家务，学习让父母操心等，这些其实都和孝顺无关。一个孩子的内心是否存在感恩，是否能够设身处地为父母着想，有个大前提是父母是否教会了他这样的智慧与能力。如果父母不尊重孩子，不理解孩子，不接纳孩子，又怎么能够单方面要求孩子表现得如你所愿呢？孩子是独立的生命体，他有强大的感知和感受力，只有他在家里、在父母身边感受到爱，他才能学会爱。前几年轰动全国的“大兴灭门案”中，亲生的儿子杀了父母，还杀了自己的孩子。我们能说这样的“凶手”是万恶的吗？他如果被呵护，被深爱，被尊重，又怎么会成长为一个手持利刃的恶魔呢？允许孩子不孝顺是父母的民主与智慧，如果父母没做到先去爱孩子，就不要耿耿于怀孩子不孝顺。

第三，给孩子树立孝顺的榜样。如果作为父母的你没有给予上一辈老人应有的尊重与情感的回馈，就不要想当然地认为你的孩子会用情感和爱来对待你。在笔者的学员中，有个家长每年都会带着孩子去陪老人过节，买老人喜欢吃的东西，给老人修整房子，换掉老旧的东西，隔三岔五带孩子回去看老人。这样孩子看在眼里记在心上，父母用实际行动向孩子传递了什么是“孝顺”。

所以，对孩子“孝顺”的正确引导，不是让他们背会多少孝顺的词语和段子，看多少别人孝顺的故事，而是要从小培植孩子内心的爱与温暖。只有孩子学会了爱，才能回馈给父母更多的爱。

3. 情感引导是个好工具

在《你就是孩子最好的玩具》一书中，作者最早提出了“情感引导”这个概念。意思是：向孩子传授情感规则，让他知道如何辨认情感并且以恰当的方式表达，通过引导，父母可以根据孩子的发展阶段来帮助他们认知情感和表达自我。

简单来讲，“情感引导”讲的是父母要了解孩子的性格、脾气、情绪上的变化；尊重孩子，在与孩子交流的时候心平气和地谈，学会倾听孩子的内心，不要不分青红皂白地批评孩子；鼓励孩子，在孩子心情失落或者是遇到困难的时候给予一定的鼓励和肯定，这样可以让孩子树立自信；并且要让孩子产生共情，父母要体会孩子的感受，站在孩子的角度看问题，多去理解孩子。

利用“情感引导”教育孩子，有什么好处呢？

首先，可以帮助孩子提升情商。会用“情感引导”的家长，往往也是把控情绪的高手，这样无形中向孩子传递一个正面的形象，而不是大喊大叫地训斥孩子。让孩子明白不乱发脾气是一种力量，能够很好地与人沟通。这样的孩子，长大以后情商就会高。

其次，在父母与孩子之间善用情感引导的方法教育孩子，可以锻炼孩子的语言表达能力，而且使他在今后的成长中受益匪浅。

最后，当孩子拥有了良好的沟通能力之后，能够提升人际交往能力。在家人与孩子的交流过程中，你用什么样的方式与孩子相处，就是孩子日后与其他人相处时的模式。而轻松愉快和谐的相处模式，会让孩子学会很多交往的技巧，他们会知道如何用正确的情绪来与人交流，在交流中照顾他人的情绪，并且会因此而受到大家的欢迎。

通过情感引导的方法帮助孩子学会跟父母用成人的方式来沟通，孩子才能够变得善于体会自己和他人的感觉。

情感引导应该怎么做呢?

第一步，要学会给孩子埋下“做正确事情”的种子。比如你要带孩子出去吃饭，在出发之前需要告诉孩子，说:“今天晚上咱们要一块儿去吃饭，到了饭店不要到处乱跑，也不能大声叫喊，也不能摔盘子摔碗。你能做到吗?”这是今天出去吃饭的要求。在出发之前讲一遍，在路上讲一次，到了饭店再强调一次。这就是给孩子埋下了种子。这样做的目的是告诉孩子什么是对的，什么是不能做的。大部分家长不提前给孩子埋一个“做正确事情”的种子，到了饭店孩子不知道什么是对的、什么是错的，于是家长就只会呵斥说“你给我乖一点儿，你咋这么不听话”。这其实是为难孩子，因为他之前根本不知道什么是不被允许的。

第二步，学会反应情感。当孩子情绪失控的时候，父母要能蹲下来，与他平视，然后问问孩子为什么要闹情绪。比如说孩子现在很抓狂，很生气。然后你跟他说，“你别生气，生什么气，有什么好生气的，你再这样生气，不带你出来玩儿了”。这不叫情感引导，这叫作指责和要求。所以这时候跟对待成年人一样，你需要跟孩子讲这样的话：“妈妈能够理解你现在很生气，妈妈知道你现在很难过，对吗？”“妈妈知道你觉得有点儿委屈，是这样吗？”“妈妈知道你疼，对吗？”你看，你能够准确地表述出他此刻的感受，孩子的情绪才会逐渐地平稳，这就是反应情感的威力。如果孩子跑的时候摔了一跤，这时候你跑过去千万不要说“不疼不疼，快起来”。这时候你应该过去说：“哎，我知道摔倒会特别疼，你告诉妈妈，看看妈妈能不能帮到你。”这时候才叫作准确地读出了对方此刻的感受。当你能够准确地读出孩子此刻的心情和感受的时候，孩子的心情才会快速地平稳，他的情绪水平才会快速地平复，他才会恢复正常。

第三步，用情感引导孩子解决问题。当孩子情绪恢复正常以后，我们来学如何引导他解决问题。接着问问他：“那你看怎么才能解决这个问题？”“你觉得怎么样能够让你们大家都开心，然后不打架？”引导孩子自己来解决问题，这就是情感引导的关键步骤。然后在孩子下一步做对了以后，你要告诉孩子“你刚刚这个行为做得很好”，这个行为就叫作情感引导。

情感引导的方法是更加关注孩子自己的感受，让他知道这件事本身的乐趣和意义。家长不是评判他的裁判，而是一个真心的交流对象。“你一定可以的”“你还可以更好”这样的话会让孩子更加失去兴趣，因为这简直就是责怪。正确的方法比如说：“你现在的这种感觉就叫作成就感，怎么样？很开心吧！”“你刚才的表现叫作有毅力，有毅力是很重要的哦！”“你这件艺术作品真漂亮，我可以收藏它吗？”“你现在有什么感觉呢？”

通过情感引导，可以帮助孩子更好地成长，拉近家长和孩子之间的距离，使亲子之间能够更好地沟通，能够和孩子建立一生的亲密关系。

4. 高质量陪伴

很多父母都知道陪伴孩子的重要性，能够给孩子安全感，也能增进亲子感情。但是仅仅陪着并不等于陪伴，比如，孩子在一边看电视，父母在一边玩儿手机，看似陪着孩子，其实各干各的等于没陪。真正的陪伴讲究质量，高质量的陪伴是父母和孩子都感到舒服。

哪些陪伴是舒服的呢？生活中有很多，比如，接孩子上学放学的路上，他开开心心地向父母讲学校发生的事情；睡前孩子躺在父母的臂弯里安静地听故事；孩子和爸妈一起泡个澡，一起玩儿泡泡……这些都是舒服的陪伴。

这样舒服的体会，可能有的父母有过体验，有的父母从未体验过。他们虽然每天陪着孩子，但总是被孩子各种大事小事烦得焦头烂额，明明是很温暖舒适的感受，却让位给了糟糕的生活体验，变成了每天都会遭遇几场愤怒、着急、沮丧或无可奈何的感觉。

怎么才能让陪伴的质量变高呢？那就要把握时间，不是时间越长越好，父母和孩子长时间待在一起不但提升不了陪伴的质量，还可能因为父母太过疲累而对孩子产生不耐烦的情绪，反而降低陪伴的质量。高质量的陪伴在于父母和孩子有舒服的体验和感受，在陪伴孩子之前，父母先要调整好自己，如果不能把一个准备好情绪的自己给孩子，那还不如不去陪伴孩子。

会陪伴的人就像有句话说的那样：跟老人在一起像老人，跟孩子在一起像孩子。这从另一个侧面反映了一个事实：如果一个成人与老人在一起能像老人一样可爱，与孩子在一起能像孩子一样活泼，这本身是一种能力。如果父母在陪伴孩子的时候把自己的频道切换成孩子的，站在孩子的角度和立场，陪伴产生的效果就完全不同了。

低质量的陪伴是父母把陪伴当成一种任务，就像每天必须去遛宠物一样，这样的状态就不会投入，往往会在陪伴孩子的过程中表现得心不在焉。在这样的状态下，父母的内心深处其实是抗拒陪伴孩子这件事的。为了减轻内心的焦躁，打发时间，就会出现一边陪孩子，一边玩儿手机，或者心不在焉地敷衍孩子。孩子感受到的并不是父母身心投入的陪伴，而是被糊弄的感觉。甚至有的父母还会为陪伴孩子耽误了自己的时间而心生抱怨，比如会说："就为了陪你，我这一天啥也没干，可是你呢……""自从拉扯你，我都没有属于自己的时间了，不就是为了陪你吗？你还要怎样呢？""你就不能自己单独玩会儿？都多大了，还像个跟屁虫，一刻不停地黏着我，烦死了。"

如果孩子听到父母这样说，不但没有感受到陪伴的幸福感，反而会觉得父母不爱自己。

陪伴孩子，就要一心一意，让他感觉到你的爱和在乎。不陪的时候，也让他明白，无论遇到任何事，你都会和他在一起，而不是明明不想陪伴，或没有学会高质量陪伴而用低质量陪伴去伤害孩子。

高质量陪伴孩子也是有技巧的，父母需要不断学习和提升。

首先，在陪伴孩子的时候多以孩子为主导，让他们能够做主。每个孩子都喜欢游戏，父母要尽量地参与进去。在游戏中让孩子当主角，父母当配角，这样孩子不但收获了快乐，还能学会自主。父母不要总是干涉孩子能玩儿这个不能玩儿那个，只要是没有危险性的物品，都可以让孩子进行尝试。对于父母来说游戏就是游戏，不过因为好玩儿，对于孩子来说，游戏是他们了解和认识这个世界的重要手段，也是他们最终实现独立的准备阶段。

其次，在陪伴孩子的过程中要积极关注孩子的心理需求，并及时给予鼓励。所谓关注孩子就是收起自己的手机，放弃自己想要做别的事情的心思，让孩子觉得你全心全意地跟他在一起。父母要观察孩子在玩儿的过程中有哪些想法、创意和做得不错的表现，要积极鼓励孩子，让孩子有成就感，做得更好。你要为他们的每一点儿进步而喜悦，并和他们一样的开心。

最后，让孩子参与家务也是高质量陪伴的一种。

很多家长认为，陪伴就是陪孩子玩儿，陪孩子做他们喜欢做的事。其实，邀请孩子加入到大人的活动中来，同样会有很好的效果。很多父母都有和孩子一起做饭、打扫房间的经历，回想一下，孩子是不是格外开心呢？与父母同做一件事，也是孩子需要的归宿感。因此父母不用担心分身乏术，给孩子分配一些他们力所能及的工作，他们一定会乐此不疲的。

无论是何种形式的陪伴，父母都要明白一个原则，就是在陪伴的过程中让孩子快乐，自己也快乐。陪伴孩子不是任务，如果觉得自己很忙，情绪不佳，就提前告诉孩子，等到自己完全放松下来再认认真真陪伴，这样才能慢慢体会到什么是高质量的陪伴。

5. 无规矩不成方圆

对于教育孩子而言，只有爱远远不够，如果孩子没有一定的规则来约束，爱就变成了溺爱，甚至会让孩子失去边界感。规则就是父母手中的戒尺，从孩子低幼年龄时开始定规则，将对孩子产生非常深远的影响。家庭规则有两个方面的要点：其一，父母是否有意识去订立家庭规则；其二，规则是否能够有效执行。只有做到这两个方面，规则才能有效。

一个从小具备规则意识的孩子，在与别人交往的时候往往知轻重，懂分寸，他们不会为所欲为，不会认为自己的需求大于一切。他们会了解万事都有个度，这个度是一条红线，如果他们跨越了红线就必须承担某些后果。所以，家庭规则的合理制定和有效执行将培养孩子的责任意识。

一个人自由的前提是建立在规则之上的，举个最简单的例子，当人们都遵守法律时，社会才能安定；在路上，人人都遵守交通规则，我们才能放心大胆去开车，才会觉得安全；教育孩子也是如此，只有孩子知道哪些事能做，哪些事不能做，他才有安全感。

詹姆士·杜步森博士在《勇于管教》中提出，规矩就相当于栏杆，给了人限制，也给了人安全感。所以有规矩约束的人就有了界限，有所为而有所不为；没有规矩约束的人没有界限，也没有安全感，因为他不知道安全的尺度在哪儿。

那么，平时在家里如何帮助孩子形成规则意识，养成有规矩、有尺度的行为习惯呢？

首先，规则不是给孩子定的，是给家庭成员定的。教育孩子遵守规则，父母要以身作则，因为规则约束的是所有人，不是仅仅约束孩子。举个例子，如果希望孩子早早上床睡觉，早上早点起床，那么家庭的作息制度就要一致。不能要求孩子九点上床睡觉，父母却拿着手机刷到半夜，这样怎么能让孩子遵守规则呢？

其次，规则不能朝令夕改，否则孩子怎么做到坚定不移呢？父母定下的家庭规矩不可以随意更改。比如，给孩子定下的每天只能玩儿电子产品半小时，无论何时都要执行，不能因为孩子耍赖或孩子搬出爷爷奶奶求情，父母就允许他玩儿一小时或更长时间，如此，父母的原则性就会被孩子怀疑和轻视。

再次，定规则要视孩子的年龄，不能期望过高。有些家长对孩子期望很高，于是给孩子设定了很多的规则，但实际上别说孩子了，就算大人的意志力和自控力都是非常有限的，比如我们累了一天也想小小放纵自己一下。对于低龄孩子，我们要以关乎健康和安全的规则为主。孩子对这个世界充满好奇，很多所谓逾越规则的行为其实只是探索行为，如果我们能够这么去看待的话，给孩子设定少量但是重要的规则，可能会让他们保有更多生命的探索精神和自发性，这也是生命的活力与天性的释放。所以，定规则也要符合孩子的年龄，不能期望过高，超出孩子的能力范围。

最后，不管立什么规矩，父母先严格要求自己做好，只有你先在乎自己的言行，才能用好的言行影响孩子，让孩子往好的方向改变。

教育孩子，最重要的不是言传，不是下命令，而是身教，是以身作则。

孩子本就是张白纸，看的就是父母如何作画，家长示范得越好，孩子成长得越好。

6. 教育孩子要“温和而坚定”

在教育上人们都很推崇“温和而坚定”的说法，美国心理学大师科胡特曾用诗意的句子表达了类似的含义——“如何深爱你？用不含诱惑的深情；如何拒绝你？用没有敌意的坚决”。这话非常适合解释父母对待孩子的“温和而坚定”。温和是不带任何诱惑和条件去爱孩子，而坚定就是不带怒气、不带敌意。但是大多数父母认为做到“既温和又坚定”是一件不太容易的事。孩子有一招对付父母的大武器：哭闹。面对哭闹的孩子，往往会让父母抓狂，往往严厉代替了温和，坚定变成了与孩子的对峙，那么该如何做才能坚守“温和而坚定”呢？

“温和而坚定”的教养方式，其中温和表现在允许孩子表达情绪，并能保持对孩子的温和态度，跟孩子不带情绪地沟通，让孩子能够懂道理，解释为什么应该按照特定的方式行事，与孩子交流违反规则后应该承受责任的必要性。而坚定则表现在对孩子的行为有明确的要求，在规范孩子行为时态度坚定不退缩，能制定清晰且一致的规则限制。

“温和”并不意味着父母不能表现自己的生气、不耐烦、不满等负面情绪，真实的父母比“完美”的父母更有教育意义和影响力；而“坚定”也并不意味着不能改变既定规则和要求，把坚定当成冷酷。“温和”在多数情况下是父母的一种不带情绪的态度，安静而强大，不害怕孩子哭闹或撒泼，也不要让孩子带偏节奏，控制不住情绪。严厉的话，把声音放缓了去说，更有威慑力。父母要坚信自己的原则，静静地拥抱孩子，也可以亲亲孩子，然后少讲道理。比如，孩子因为想要一个玩具在地上打滚儿，或者因为没吃上冰激凌而哭闹，只要你下了决心，不管他怎么做，都要温和地对他说“妈妈爱你，但这件事不允许”。如果孩子一直哭闹时，只需要爱抚他说“宝贝，家里玩具太多了，我们今天出来没有买这个玩具的预算，所以不能买”。或者说，“你还小，消化系统弱，妈妈不让你吃冰激凌是因为你的身体会难受，不管怎样妈妈都爱你”。

父母越是表现得温和坚定，孩子越知道这件事的底线，反而不会大哭大闹，知道什么事情是被允许的，什么事情是不被允许的。

我们在用到“温和而坚定”的时候不仅仅是在表达拒绝，而且是向孩子传递爱和规则。温和而坚定不是软暴力，不是为了让孩子什么事情都顺从父母的意志。给孩子充足的自由，明确的规则才是真正的温和而坚定。

如果从小到大，孩子接收到的都是父母既温和又坚定的态度，孩子不但能够懂得规则的意义，也能从父母身上习得到原则和底线带来的真正自由和自觉。

7. 教育需要“正念”的力量

“正念”这个词近几年慢慢流行了起来，并且也已经慢慢变成许多人修复心情、修身养性的一种方式。“正念”这个概念最初源于佛教禅修，是从坐禅、冥想、参悟等发展而来。正念就是有目的、有意识地关注和觉察当下的一切，而对当下的一切又都不做任何判断、任何分析、任何反应，只是单纯地觉察它、注意它。

为什么家庭教育需要正念的力量呢？因为人拥有正念的力量才能拥有积极正面的态度，会用一种正向积极的思维去引导和教育孩子。比如，父母要坚信，天下没有教育不好的孩子，只有不会教育的家长，这就是正念的思维。

正念教育让我们更加深入地认识自己、理解孩子。最重要的是，它让我们真正看到孩子，从他们的视角来看待和想象这个世界。

父母要掌握哪些正念教育的核心呢？

第一，怀着同理心和孩子联结。

同理心，是努力从孩子的观点来看事情，了解他的感觉和体验，觉知每一刻发生的现象，包括觉知自己的感受，怀着同情心与孩子同在。孩子喜悦、哭泣、悲伤、需要拥抱时，同理心会为父母的内在心灵撑开一个足够的空间，稳稳接住孩子的情绪，自然而然做出回应，以爱联结。孩子由此感知到的是：我的感受很重要，而且爸爸妈妈与我感同身受。我可以尽情表达内心的真实想法，这是很安全的。

孩子有情绪会有各种各样的原因，在他们的小世界里面，容不下不开心的事，他们需要发泄，我们要包容他们发泄时用的各种方式。我们要抱抱他们，给他们安全感，再试着解读他们的世界，开导他们，使他们快乐起来。孩子也会因此而爱我们。

第二，正念碰触，无条件相信孩子。

孩子与父母发生争执时，最常说的一句话就是：“你们为什么就不相信我！”很多时候最伤孩子的往往是父母不信任孩子。

父母不相信自己的孩子，不相信他们会自律，不相信他们有这个能力，不相信……习惯性不信任，习惯性否定。这种不信任让他们变得怀疑自己，变得不相信自己，变得习惯否定自己。信任孩子，相信他们可以安排好自己的事情。这种信任，其实是一种很深的爱的体现。

第三，情绪失控时，以正念开启心智。

当父母情绪失控，脑海里听不进任何话语，身心失去平衡，还可能波及无辜的孩子。这个时候，父母需要刻意停下来，停在这一刻。

如实承认并接受情绪的存在，将觉知融入呼吸，认识到自己在面对困境时，要避免用失控的愤怒来反应，以免情况更加恶化。当情绪稍微退位，解决问题的空间才会出现。

作为父母要努力去提升教育能力，做到正念、正言、正行，才能给孩子最好的环境。就像教育学家苏霍姆林斯基说的：每一瞬间，你看到孩子，也就看到了自己；你教育孩子，也就是教育自己，并检验自己的人格。我们当父母的做对了，孩子自然也就做对了。

8．批评孩子也需要智慧

没有哪个父母不责备孩子，也没有哪个孩子乖到完全不挨骂。但有的父母骂孩子既无情又冷酷，不是吼叫就是动手，像疾风劲雨一样带着摧枯拉朽的威力。而有的父母则是通过骂让孩子感受到爱，即使骂了孩子也能让家庭出现一片祥和。这其中考验的并不是孩子是否足够优秀，而是考验父母是否有责备孩子的技巧。

责备孩子也有技巧吗？当然有。

第一，父母在责备孩子的时候先看看自己正处于什么状态。如果你的心情良好，可能对孩子的错就会有正面的理解；反之，如果你的情绪正好非常糟糕的话，孩子犯的错可能并不大，你也会控制不住情绪，把火儿加倍地发泄在孩子身上，言语上自然也会不好听。比如，你刚和另一半吵了架，刚加了一天的班回到家疲惫不堪，路上开车被贴了条等，这个时候如果孩子犯了错，就会正好撞在你情绪的枪口上。反之，如果你刚晋升为主管，刚加了薪水，或者另一半对你体贴有加，你对孩子的问题还会特别生气地去骂他吗？所以说，责备孩子的时候，先要觉察自己的情绪处于哪个级别。

第二，觉察完自己之后要觉察孩子。他是犯了错不自知还是明知故犯。犯了错不自知的孩子需要的不是指责，而是引导和帮助。你要告诉他错在了哪里，如何解决。永远要默念“孩子是我亲生的，我是他最亲的人”，父母是孩子最亲的人，而不是敌人。孩子犯错往往已经很内疚与惭愧，如果父母不依不饶、没头没脑地大骂，不但削弱了对孩子的爱，还把孩子推向了另一个极端。他不再为自己的错误惭愧而自责，他会觉得，反正你们把我骂成这样了，我还能咋样？这样对于孩子的行为来说是一个错误的引导，起不到正面积极的作用。

第三，责备孩子也要看场合。中国有句老话儿：当面夸人，背后教子。这就说明不能当着外人的面骂孩子，尤其不能骂已经大了的孩子。那样会特别伤孩子的自尊，同时也暴露了父母的无知。父母在责备孩子的时候要体现出威严感，而不是凭着自己的性子想什么时候责备就什么时候责备。妈妈的形象如果是张牙舞爪的状态，孩子不但不会从内心服妈妈，还会生出厌恶感；爸爸的形象如果是疾言厉色的状态，孩子不但学不会爸爸的威严，还会觉得爸爸是个暴君。最好的做法，是无论孩子在什么情况下犯错，都回家解决。妈妈要选择与孩子并排坐在一起，既没有距离感也不会产生对立感，孩子容易沟通也不至于起冲突。爸爸可以选择带孩子出去散步，边走边谈。这两种状态下，孩子都会放下戒备，敞开心扉，也容易承认错误，接受别人的建议。

第四，把严厉的话温柔地说。有句俗语叫“有理不在声高”，如果父母在责备孩子的时候声音很大甚至咆哮，就会失去教育孩子的效果，因为你在孩子面前展示的是一个无法自控的形象，同时你也没有尊重孩子，怎么能够得到比较好的结果呢？说话声音越平稳低沉越有力量，越温柔轻慢越打动人心，这是父母必须时刻提醒自己要学习的沟通技巧。当你能够把严厉的话温柔地说给孩子的时候，孩子才能被震撼，反而容易接受。父母爱孩子，最好像导航一样，驾驶人没听话开错路了，导航会立刻换个路线继续导航，引导驾驶人回到正确的道路。只要孩子身心健康，偶尔犯个小错，父母耐住性子，总能找到适合他的方向。

第五，责备不等于羞辱。责备一定要谨遵一个原则：对事不对人。责备是对所做错的事予以教导使他改正，羞辱是对做错事的人给予伤害。做错的事纠正后就消失了，但是伤害却会一辈子挟制孩子的心灵。既然如此，老师或父母在指责孩子的过错时，就千万要留意自己的用词，针对事情陈述，并用期待的口气相信他会改进，而不是打击他，让他抬不起头来。人都是喜欢欣赏自己的人的，而羞辱是疏离亲子关系的最佳毒剂，不可不慎。

第六，责备不等于恨，是爱。只要是责备就一定会带来短时间的情感疏远，孩子即使对父母的话心悦诚服，情绪和心情也会出现低落。他会觉得由于自己的犯错父母不再欣赏他、不再爱他，所以，父母责备孩子之余一定要传达给孩子父母是爱他的。骂他不是讨厌他，是因为爱他。告诉孩子他们也可以监督父母，如果大人犯错了，孩子也可以责备父母。父母与孩子之间是平等的，无论谁犯错，对方都有发言权。

第八章

教育与被教育——父母教育孩子，同时被孩子教育

1. 孩子的诞生，也是父母的诞生

在当父母之前，没有人有教育孩子的经验。如果把养育孩子与开车上路类比，后者要难得多。

开车上路之前得先学交规，需要通过科目一、科目二、科目三、科目四的考试，还有路考和新手实习。拿到驾照只是成为司机的第一步，但并不是有了驾照就会一劳永逸，要想在车水马龙的路上成为一个合格的司机，既享受驾车的乐趣又能保证自己和别人的生命安全，需要的是路上的磨合和不断的学习提高，无论是车技还是对于路况的把握。而生一个孩子之前，父母并没有拿到养育证，不夸张地说，等于是一个没有考过交规和练过路考的人直接开着一辆新车就上路了。这其中的不易和风险可想而知。

在这个世界上，一个孩子诞生的时候，一对父母同时也诞生了。生为人之父母，则是一生的父母，更是一生的牵挂。

所以，我们要问问自己可不可以做一个好父母，做一个合格的父母？我们懵懵懂懂地成为孩子的养育者，仅仅是被称为爸爸妈妈就够了吗？“父母”是什么？是一个名词，也是一个称谓；是一个启蒙者，也是一个教育工作者；是孩子的依靠，也是孩子的榜样；是孩子的引导者，也是孩子的伙伴……同时，“父母”更昭示一种责任，一种义务，一种不断学习以求变得更优秀的担当。海桑在他的诗《一个小小孩》里这样说：

一个小小孩，如果他
干干净净
衣帽整齐，
如果他
规规矩矩，
这可并非一件多好的事。
如果他一开口
便是叔叔阿姨好，
再见你好，
如果他四岁就能让梨，
这又有什么意义？
一个小小孩，应该是
满地乱滚
满街疯跑，脸和小手都脏兮兮的
还应该有点儿坏，有点儿不听话

他应该长时间玩儿着毫无目的的游戏，

他是一只自私、可爱，

又残酷的小动物

他来到世上，是为了教育我们，

让我们得以再一次生长，

而不是朽坏下去。

这诗说得多好，孩子之所以降生在一个家庭里，是带着使命来的。他的到来不是为了扮演完美小孩，而是因为缘分选择了谁做他的父母，让原本无牵无挂、无所畏惧的两个人，开始正视生命的意义，正视养育的价值，得以再一次成长，而不是朽坏下去。

当我们看着眼前的孩子一天天长大，不仅仅是参与一个生命从诞生到成长的过程，更是一天天见证和回溯自己的过程，知道自己生命成长的历程，见证一个生命不断向前的奇迹。

父母要做的是敬畏这样的生命和美好，让自己以全新的身份来接纳这份美好的馈赠，爱孩子，爱自己，与孩子一起诞生，与孩子一起成长。

2. 龙生龙凤生凤，老鼠的孩子会打洞

有一句流传很久的话叫“龙生龙，凤生凤，老鼠的孩子会打洞”，什么意思呢？就是你是什么样的父母，孩子就是什么样的孩子。也就是人们常说的，父母是原件，孩子是复印件。孩子从小学做人的最直观榜样就是家长。孩子的眼睛如同相机，每天都在自己的眼中留下家长的各种影像。

比如，农民的儿子看到家长早出晚归，面朝黄土背朝天、汗洒大地，于是他从小就学会了吃苦耐劳；女儿看到母亲为家庭生活日夜操劳，于是她就从小学会了勤俭持家；经商人家的孩子，每天看到父母做生意，算成本与盈利，从小就具备了做买卖的基因；书香门第或音乐世家的孩子，每天与琴棋书画打交道，耳濡目染，就成了未来的书画家和音乐家。这些现象说明，家长对孩子的教育，就在这潜移默化、润物细无声中传递到孩子身上。

家长想让孩子成为什么样的人，自己首先要成为什么样的人。教

育家苏霍姆林斯基说:“每个瞬间，你看到孩子，也就看到了自己；你教育孩子，也就是教育自己，并检验自己的人格。”那些具备智慧和能力的家长正是用自己的人格来要求和教育孩子的。家长的行为，直接影响着孩子的感受，引导着孩子的思想意识、价值观念、行为习惯、道德品质、社会公德及健全人格的形成。

在家庭教育当中，爸爸影响着孩子的精神世界，妈妈影响着孩子的为人处世之道，夫妻关系又影响着孩子与人相处和爱的能力。

在中国的传统学问当中，天代表爸爸，地代表妈妈，而在这天地之间的人就是孩子。老子的《道德经》中有这样一句话说:“人法地，地法天，天法道，道法自然。”孩子来到这个世界上首先受到的是妈妈对他的影响，然后是爸爸对他的影响。我国著名教育家叶圣陶曾有一首打油诗:“人人都说小孩小，小孩人小心不小，你若认为小孩小，你比小孩还要小。”所以在孩子的成长过程中，爸爸要向天学习，“天行健，君子以自强不息”，爸爸必须要有阳刚之气，要有担当，当出现问题的时候不要抱怨；而妈妈要向地学习，“地势坤，君子以厚德载物”，它的特点是宽厚，能包容，守信用。只有天地按照自己的轨道运行，在天地之间的人才有可能顶天立地。

也许我们没有办法改变我们的父母，但是却可以通过自己不断学习，为孩子创造最棒的原生家庭，给予孩子一个幸福的家，让孩子快乐地成长，并获得父母为其提供的强大榜样力量。

聪明的父母会用心经营家庭，爱孩子的最高境界，是在孩子的内心留下父母相亲相爱、互相谅解的美好画面；留下父母努力工作、互相促进的生动印象；留下父母带着乐趣快乐工作的幸福场景；留下父母看书学习的定格……

好的榜样示范，是父母获得威信的重要来源，是教育孩子的前提和基础。父母想让孩子成为什么样的人，自己要先成为那样的人。不要总是用语言去教导孩子，而要用强大的自身魅力去引导孩子。我们一边拉着孩子闯红灯，一边告诉孩子要做一个遵守规则的人，孩子会信我们吗？我们边打麻将，边怒斥孩子："快去学习，爸爸没本事，咱家全靠你了！"孩子会怎么想？苛责孩子去做我们自己都做不到或不愿做的事，不仅达不到预期效果，还会让孩子觉得父母是一个言行不一的人，最后连父母的基本威信都会失掉。

好的榜样示范，是父母对孩子最重要的影响和熏陶，是教育孩子的主要途径和方式。一个人的价值观、人格品质、行为准则、修养礼貌、规则界限、习惯态度等，靠单纯说教和强制要求都无法完成。孩子只会被自己尊敬、信赖和爱戴的父母熏陶，通过模仿来吸收，最终在实践中内化成自己的一部分。

3. 父母爱学习，孩子很难不爱

随着这几年家庭教育被多数家长认可，学习型的家长越来越多。没有完美的小孩，也没有完美的父母。只有不断成长的孩子和不断学习的家长。

父母都希望孩子成龙变凤，如果自己原地踏步的话，孩子又如何找到学习的参照榜样呢？所以，要建立学习型的家庭，做学习型的父母。

父母通过学习，提高了自身的综合素质，能够帮助和引导孩子。试想，要是父母没有一桶水，如何能给孩子一碗水？要是自身不学无术，却还要不懂装懂，甚至粗暴行事，这样的父母怎么可以给孩子做榜样呢？

学习型家长能认识到自身的不足而奋发上进，不但跟孩子同步还能起到引领和帮助的作用；而非学习型家长，只知道要求孩子，而不懂得提高自己，时日久长，问题就会出现。要么孩子跟自己的父母一样不好好学习，要么孩子学习很好，看不起这样不上进的父母。

那么，如何做才能成为学习型父母呢？可以试着从以下几个方面来提升：

首先，不要太过焦虑。为什么成为学习型的父母第一步是放下焦虑呢？因为如果不放下焦虑，就会对结果产生更多的期待，而不会注重过程。对孩子是这样，对自己也是这样。比如，有不少家长最喜欢问“如何才能让孩子提高成绩”。这事实上是一个结果，而不是过程，提高成绩恰恰是一个过程。孩子的行为习惯问题并非一朝一夕养成的，也就无法在一朝一夕解决。与其去寻找简快的解决方案，不如去改变家长自身教育孩子的思想。很多家长之所以不愿意看书学习，不愿意参加课程，是因为感觉看书和参加课程来得太慢，他们希望能有一个人用一句话告诉他们如何去改变孩子的问题。家长的这种需求正是因为焦虑感太强，所以要放下焦虑。

其次，拥有投资心态。无论是教养孩子还是让自己成为学习型的父母，都是一种投资。在学习的过程当中，我们也可以抱着投资的心态。比方说我们可以关心如何能够以最小的成本，获得最多的知识。那么听课和读书便是成本最低的学习策略。在课堂上，专家会把他们几年的工作经验，用最精练的语言替你总结出来，有人替你走过了很多学习上的弯路。当你听课的时候，实际上你就在用一种更加专业、更加成系统的思路，重新看待自己家的教育问题。

最后，用等待花开的心看待自己和孩子。如果家长学了很多，但是依然看不到孩子的变化怎么办？一名真正的学习型家长，他的关注点会逐渐从孩子身上转移到自己身上。家长会相信父母是孩子的生活空间，如果父母足够好，孩子就能够在空间当中获得充分的营养，这些营养很有可能会转变成孩子性格当中优秀的一部分，也很有可能会转变成孩子努力学习的动力，甚至会转化成他们的创造力，帮助他们更好地学习知识。

4. 你是父母，更是你自己

很多父母会把孩子视为人生的全部，尤其是妈妈们，如果为了养育孩子不得已成了全职妈妈，更是把所有的心思和精力都放在孩子身上而忽略了自己。往往这样的妈妈并不会得到孩子的认可，孩子反而会认为妈妈“不求上进”。所以说，你是父母，更是你自己。要成为一个独立的人，才能让孩子学会什么是真正的自我。

女性成为妈妈以后，可能有相当长一段时间，她在朋友角色上的顺序就比较靠后一些了。再说一下职业女性，这可能不是所有妈妈都会扮演的角色，但有的妈妈会一直扮演这个角色，有的妈妈会暂停一段时间，每个妈妈的选择都是不一样的。

有一个妈妈，从怀孕开始，为了让孩子安全生产，她就辞职开始养胎，孩子三岁之前虽然家里有老人帮忙带，但她总是认为老人的育儿理念落后，所以自己几乎是寸步不离孩子，一直亲自照顾到送幼儿园。丈夫对她说孩子入园了，可以找个工作干了，可是她非常不放心别人接送孩子。想到路上人多车多，她就害怕孩子有危险，再加上总听说有骗子专门冒充家人或朋友去接园，所以她就是放心不下，工作也没法儿干，一直到孩子上小学。丈夫一个人工作的经济压力较大，希望妻子也能有一份收入，毕竟家里还有老人帮着可以接送孩子。可是这位妈妈又有了新的顾虑，她认为孩子上小学必须要家长监督学习，不然成绩跟不上，学习不好怎么办？于是她每天都要坐在孩子身边陪着写作业，孩子不睡她也不睡。时间一长，孩子养成了习惯，没有妈妈陪在边上，自己就不知道该怎么写作业了。眼瞅着孩子一天天长大，她也因为脱离职场十多年，不知道该怎么办。而且最大的问题是，她把自己整个儿奉献给了孩子，可孩子和丈夫似乎并不领情。有一次孩子说了句：“看人家的妈妈，年轻漂亮还是个公司主管，他们公司还会一起出去游玩。妈妈你为什么不参加工作，也不找朋友聚会呢？”那一刻起，她才知道孩子并不太喜欢这个完全把自己淹没在家里，还美其名曰为了孩子的妈妈。

把孩子视为全部的父母会有一个弊端，就是太把孩子当回事，凡事都以孩子为重，因为在孩子身上投入太多，相应地就想得到太多。一旦孩子没有达到理想状态，父母就会失望，以为自己付出不对等，孩子也会因为无法“回报”父母而充满压力。

龙应台曾说：“我慢慢地、慢慢地了解到，所谓父女母子一场，只不过意味着，你和他的缘分就是今生今世不断地在目送他的背影渐行渐远。你站在小路的这一端，看着他逐渐消失在小路转弯的地方，而且，他用背影默默告诉你：不必追。”

所以，孩子是我们的唯一，但父母也要有自己的生活。这里引用一句荣格的话：父母对孩子的最不好的影响莫过于让孩子觉得他们的父母没有好好过日子。这里面有两层意思。第一，父母在对孩子的教育过程当中，最主要的是保持良好的夫妻关系，让孩子看到，在工作之外，家长还能处理好你和配偶的关系，并且是带着爱的。第二，家长有自己的日子，任何一方都有自己的价值，都有自己努力和追求的东西。如果父母一切为了孩子，那么他们自己在哪里？如果父母可以没有的话，那孩子会觉得他也可以没有。

5．换位教育法

我们上学的时候，如果班里某个孩子特别捣蛋，老师就会给他换个座位，一般会换在学习好、守纪律的孩子旁边。慢慢地，这个捣蛋的孩子就变得不捣蛋了，而且还会向学习好的孩子看齐，也变得守纪律、爱学习了。

想要教育好孩子，父母要学会一个“换位教育”法，不仅仅要站在孩子的立场上来思考，还要偶尔“交换”一下孩子。

家长在教育孩子的过程中，如何实现换位教育呢?

第一，可以与其他家长“交换”孩子。家长最容易犯的错误是眼里只有别人家的孩子，觉得别人家的孩子样样都好，自己家的孩子不如人。在这种比较的状况下就会失去原有的平和与满足。家长可以跟别的家长合作，易子而教。比如安排一天，他家的孩子到你家做客，你家的孩子到他家做客。这样做，对大人和孩子都有好处。因为在你家的是别人家的孩子，你会比较客观，不容易感情用事。当你跟别人家的孩子聊天的时候，还可以听那家的孩子怎么抱怨他的父母。说不定，那个孩子抱怨他父母的问题，正是你自己身上的毛病，你家的孩子或许正在别人家里抱怨你的问题。同时，你也能用局外人的眼光来看待别人家孩子身上的缺点和问题，而不会放大。如果你发现别人家的孩子和你家的孩子资质差不多，那么就要自我检讨，为什么总看到别人家孩子的闪光点，而看不到自家孩子的闪光点呢？如果你发现别人家的孩子比你的孩子强得多，就要向人家的父母取经，平时是如何教育孩子才能这么优秀呢？要学会取长补短。交换孩子一天，双方父母可以互相交流一下彼此对孩子的看法，这样利于两个孩子的成长，也利于两家父母发现自己的问题。

第二，在意孩子，更要在意孩子的朋友。每个走过青春期的人都记得，那个时候信任朋友胜过父母，他们总喜欢跟同学腻在一起。跟父母不怎么讲话，但和同学却无话不谈。这个时候的男孩儿容易成群结队，甚至搞帮派，女孩儿容易形成自己的小团体。这个时候家长要有心理准备，理解孩子这个时期的特点，但也要注意他的社交圈子，注意他的朋友都是什么类型的孩子，要有意识地去和孩子沟通，看看孩子的友谊的含金量。

第三，孩子在意容貌，父母要正确对待和引导。孩子大一些的时候，会非常在意自己的外形，比如发型、身材等。尤其是女孩子，会特别在意自己的身材，对外貌也较敏感。父母要正确引导孩子，尤其是胖女孩儿的家长更不能随意批评孩子的身材。家长可以在饮食上帮助孩子调配，而不要表现出来对孩子身材的担忧。

第四，重视青少年的心理问题。很多我们不愿意看到的青少年自杀、自残的痛心案例大部分因为家长和老师没有及时发现问题，这些孩子们的忧郁问题和心理问题往往来自他们的交友和学业压力。青春期的孩子轻生的想法很严重，又很普遍。有些心理产生问题的孩子往往不太愿意跟父母坦露心迹。所以，能够换位思考的父母就会站在孩子的立场，去感受孩子的学习压力和交友压力，及时为孩子排解，从而避免孩子做出一些过激的行为。

父母常换位，才不会凭一己之心愿去教育孩子。会换位的父母更开明，更民主，也更能帮助到孩子。

6. 经常向孩子说“谢谢”

说起感激之情，相信很多父母都不陌生，但大部分时间父母都希望孩子感激自己，觉得当父母很伟大、很不易，很少有父母会去向孩子表达感激之情。事实上，当父母学会向孩子表达感激时，等于学会了一门同孩子相处最有力的技巧。

对孩子表达感激之情，比如，感恩缘分让孩子来到我们家，感恩我们拥有一个这么好的儿子 / 女儿，感恩孩子的到来使我们收获了一个幸福的家庭。如果父母能够望着孩子的眼睛，发自内心地向孩子说“谢谢你”，那他们的价值感和幸福指数就会有极大的提升。如此一来，孩子就会明白，他们本身的存在就是一件很有意义、很有价值的事。

有一个父亲，孩子无论做什么他都觉得做得不好，有一天孩子自己做了一顿饭，父亲下班回来后看到说：“你做饭怎么能把厨房搞得这么糟糕呢？”儿子气呼呼地对父亲说：“爸爸，你是不是只会批评人，从来不会肯定人？为什么我做什么你都看不到我的优点呢？”听完孩子这样说，这位父亲陷入了深思，他觉得孩子的话有道理，自己似乎欠缺的就是那种赏识与感激。从那天开始，这位父亲试着做出了改变。他找儿子真诚道歉说：“谢谢你那样点醒爸爸。你能自己做饭已经很棒了，爸爸却没有看到你的进步，只看到了弄乱的厨房，对不起。以后你发现爸爸有什么问题，都可以指出来，爸爸也需要学习。”孩子听了爸爸的话后，眼圈儿红了，他第一次听到爸爸对自己说谢谢，那种强大的幸福感让孩子觉得既委屈又欣慰。

当父母能够真诚地对孩子说出感激之情的时候，受益的不单是孩子，更多的是父母，父母能够放下高高在上和自以为是。

家长要时刻牢记不能因为孩子小就忽略了对他们的尊重，更不能因为孩子是自己的亲骨肉就省去了应有的和必要的礼貌。因为孩子是在家长潜移默化的影响中长大成人的，如果孩子从小就生活在一个没有感谢的环境中，那么又怎么能让他们对别人产生感谢之情，懂得感恩呢？

成年人之间的交往，会建立在一个平等的态度上，别人帮助了我们，我们会跟对方说“谢谢”，而不会说“你真乖，真懂事”。一句“谢谢”，表达感激的背后是尊重。

父母与孩子之间相互尊重的情感，更容易流动。这不仅是亲子之间的情感关系，也是两个独立人格之间的平等和尊重。同时，这种人格之间的平等和尊重，更有利于孩子社交技能的提升。

7. 家庭氛围影响孩子一生

家庭氛围，指一个家庭世代承续过程中形成和发展起来的较为稳定的生活方式、生活作风、传统习惯、家庭道德规范以及为人处世之道等。既包括衣食住行等物质生活，也包括价值观、两性婚姻、伦理道德等所体现的精神情操。家庭氛围能够影响孩子的一生，好的家庭氛围如此，坏的亦然。

比如，前几年轰动全国的“大兴灭门案”，那个亲手杀死自己父母、孩子和妻子的男人，他的成长环境带给他的多数是恨，而不是爱，导致他内心极度扭曲和变形，对自己最亲的人下了最毒的手。记者发现，父母从小给他营造的家庭氛围就是打击、压抑、不仁道的惩罚，父母亲手种了一粒恶毒的种子在这个孩子的心中，等到某一天这粒种子生根发芽以后，变成了最可怕的结局。

另一个案例则正好相反，有一个女孩儿，从小目睹爸爸妈妈在她面前的各种“秀恩爱”，内心里十分愉悦。她知道自己生活在一个和谐温暖的家里，妈妈温和，爸爸慈爱，平时很少见父母吵架，更不要说动手。父母对她的养育也是既有爱又有规矩，所以，她在这样的家庭中长大，自己十分温婉可人。在择偶的时候，她心目中的白马王子就是爸爸那个样子：幽默、风趣，有责任心，最重要的是爱妈妈。她结婚后，也传承了母亲的性格，温柔开朗，遇事不钻牛角尖，跟丈夫幸福地生活在一起。

所以，家庭氛围造就孩子未来人生的土壤和基础，有的家庭给孩子留下了很多金钱和物质，但孩子依然没有获得幸福；有的家庭给孩子留下了很多学识，但孩子依然会遭遇婚姻的变故。

不能否认，世上多数的父母都爱自己的孩子，爱虽然浸润在生活中，但成功家庭教育的最终检验是什么？是子女考入最高学府，是他们毕业后找到一份高收入的工作，还是他们的功成名就？似乎这几种都不是，真正检验父母教育成功的是子女的婚姻质量，是对幸福生活的感知能力，是他们有能力爱别人也有能力爱自己的身心满足。

美国作家爱默生说："家庭是父亲的王国，母亲的世界，儿童的乐园。只有幸福和谐的家庭，才能养出温暖健康的孩子。"

所以，父母爱孩子就要为之计深远，不仅仅提供一日三餐，让孩子学会知识，更重要的是为孩子营造一个有爱、有动力、有奔头的家庭氛围。少些纷争、多些爱；少些指责、多些理解；少些抱怨、多些宽容。当孩子在这样的家庭氛围中长大时，他才能获得一种爱的能力，获得一生幸福的能力。

8. 和孩子谈谈“生命与死亡”

在中国家庭中，我们经常讨论到生命的诞生，却对生命的另外一种状态——死亡，从来不谈。其实，越早跟孩子谈论“死亡”的话题，对孩子来说更有利。因为只有当我们选择面对的时候，那些脆弱的地方才会长出最强壮的翅膀。

怎么跟孩子讨论死亡？这的确是非常困难的问题，因为在大部分人的观念里，死亡代表不吉利，代表恐惧，代表我们不愿意去提及和面对。所以，很多时候当孩子问“爸爸妈妈你们会死吗”或者说“我害怕死亡”的时候，家长总是选择避而不谈或不知道该如何让孩子正确理解和认识这个“不太愉快”的话题。

孩子对于死亡主要有三种类型的思考：第一种，孩子想到他最亲近的人，比如父母会死去，他就会很恐惧，因为是自己最亲密、最爱、最依赖的人。第二种，他可能会想到自己的死亡，爸爸妈妈变老了，最后肯定死了，自己也会长大也会变老，最后也要死。第三种，人类心理。孩子有时比我们很多成年人更会思考这样的问题。成年人要面对很多具体的问题，要解决养家糊口等各种各样的事宜。但是孩子呢？他会考虑一些比较根本的问题，如生死的问题。

当必须跟孩子谈这个话题的时候，我们就要考虑怎么样进入这个话题，既不要小心翼翼，也不要轻描淡写，要结合孩子的实际年龄，结合大自然的事物来给孩子讲自然规律，讲生死离别。生命就好比一棵树，死亡就像树上的叶子飘落，虽然看似消亡了，但实际上又参与了新的轮回。

可以从三个方面进行：

首先，让孩子认识到生命非常重要又非常宝贵。对于任何人来说生命只有一次，只要死去了就不可能重来。即使我们告诉孩子人死了以后会去天堂，会变成天上的星星，但在现实生活中依然是不存在了，不会再有坐在一起吃饭、一起活动、早晚相见这样的事实了。当孩子知道了一旦死亡身体就真正消失了这一事实，就会知道生命的重要，懂得珍惜自己的生命、他人的生命、万事万物的生命，会给孩子内心种下一粒慈悲的种子，一粒敬畏生命的种子。

如果是年幼的孩子，父母实在不知道如何讲得更好，可以与孩子共读生命的绘本，比如《鸭子和死神》《爷爷变成了幽灵》《一片叶子落下来》《象老爹》《獾的故事》《天蓝色的彼岸》等，这些书里有生命的温暖，也有死亡的淡淡忧伤。还可以看一部温情的电影《寻梦环游记》，影片中传达出对死亡的另一种解读，孩子可能无法真实体验到什么是亡灵节，但却知道生命的重要意义来自爱。如果父母不知道怎么讲，可以让孩子从故事里感知什么是生命与死亡。

其次，让孩子认识到死亡是不可避免的事情，所以要学会坦然面对。孩子能否坦然面对取决于父母能不能坦然面对。如果成人谈“死”色变，又怎么能够告诉孩子死是一件非常正常的事呢？在西方国家，学校会组织孩子给故去的人写墓志铭，会带孩子做义工、看动物的解剖，会让孩子参与一些敬老院的义务工作，让孩子接触什么是衰老，什么是死亡，这其实就是一种死亡教育。孩子在做这些事情的过程中，自然而然地感受到什么是生命的衰老，什么是走向死亡的过程，同时也就明白了活着的意义。在我们国家，到了清明节的时候，人们都会不远万里回家祭祖。可以经常带孩子去祭祖，告诉孩子生与死的连接，让孩子明白生命血缘的关系。

最后，让孩子认识到众生皆平等，动植物都是有生命的。比如，平时在家里养花、养草、养小动物，父母要起到榜样作用。不能随意抛弃动物，也不能因为搬家就随意把花草植物扔在垃圾桶里。如果这样，孩子怎么可能学会尊重每一个平等的生命呢？在我们的生活中，在我们的家里，父母不尊重一花一草、一物一人，那么，我们的孩子也会对生命变得漠然和冷酷。

当孩子主动问父母关于死亡的问题的时候，不要逃避，更不应该欺骗。这是一个很好的机会，可以帮助孩子正确地理解死亡和生命。家长要坦诚地向孩子分享你所知道的关于死亡的知识，不要给孩子唯一的答案，把多方面的信息给到他，鼓励孩子自己思考。帮助孩子了解死亡和生命的知识，教孩子热爱生活，热爱生命，接受生命中的挫折，享受生命中的困难，要乐观、积极、向上。培养孩子自己去寻找属于他自己的生命价值，他自己找寻到的，才最幸福。

后记

让每个孩子快乐成人，然后再去成功，是每个父母的心愿。成人是孩子成功的基石和保证。这几年，“家庭教育”的重要性得到了社会和家庭的空前重视，这是一件好事。但是，作为家庭教育的主要负责人，我们不能没有原则，孩子成人固然重要，成功会更加美好，只有平常心做父母，避免过度宠爱孩子，才能让我们的养育之路不忘初心、方得始终。另外，孩子是在家庭中与父母相处的过程中成长的，每位父母都应该把孩子快乐成长、幸福生活作为第一任务，给予孩子一定的榜样和参照力量，养育孩子的同时提升自己，父母与孩子一起成长，才能收获真正的教育果实。

教孩子成人是父母给孩子上的第一课，也是终身的一课。如果“做人”这课学好了，孩子自然会“成人”，顺便也就能实现“成功”的目标。